麦肯锡用人标准

未来的人才标杆

[日] 伊贺泰代 著　朱悦玮 译

北京时代华文书局

前言

到2010年底，我已在麦肯锡企业管理顾问公司日本分公司工作达17年之久。最初的5年，我从事管理顾问工作，接下来的12年，我负责公司新员工的招聘工作，其间，有一段时间还担任新员工培训师。

我在麦肯锡日本分公司担任人力资源部长时，招聘的对象除了应届大学毕业生外，也包括在欧美各商学院就读的日本留学生，以及要从其他公司跳槽的职场人士。

我们每次举办针对应届大学毕业生的招聘说明会时，每所学校都会有好几百名学生参加应聘，我们就会租用非常大的会场，而且要连续举办好几场招聘说明会。为了招聘欧美商学院的MBA人才，我们每年还会赴欧洲和美国举办研讨会、个别说明会和面试。在招聘工作中，除了策划招募人才活动的企划案、制作网页、撰写招聘简章等工作外，我还要将麦肯锡公司全球面试的标准流程导入日本分公司，并致力于培养新一代的面试官。

总而言之，我的工作任务就是寻找未来能够成为麦肯锡公司合伙人的卓越人才，让他们跨入麦肯锡的大门。应聘者能否被录取的最终决定权虽然掌握在资深合伙人手里，但他们不可能与所有应聘者一一面谈，因此我的工作就是从众多的应聘者中筛选出能参加复试的人选。

当时，经常有人对我说，“有众多的优秀人才去麦肯锡应聘，一定不愁招不到合格的人，你这个做人力资源部长的，一定当得很轻松”。的确，我从来不担心来参加说明会的人数太少，但问题是要确保公司能够招聘到足够的新员工，仍然是一个头痛的难题。来麦肯锡应聘的都是日本最优秀的人才，但能招聘的人数仍然不能满足公司的需求。

之所以发生这种情况，是因为求职者并没有正确理解外资企业管理顾问公司需要什么样的人才。他们以为天生聪明、拥有高学历，能够轻松解答面试所提出的问题和案例，像这样就能被录用。人们常常认为能够灵活运用“费米推论法”（**“费米推论法”（Fermiestimate），由诺贝尔物理学奖得主恩里科·费米（EnricoFermi）在1938年提出，原意是指在极短时间内，以相关数字计算乍看之下摸不着头绪的物理量；后来延伸为只要透过某种推论的逻辑，就可在短时间内算出正确答案的近似值，被广泛应用在企业招聘时的考题中**）等特定方法的人，才算是天资聪颖。然而决定能否被像麦肯锡这样的公司录用的关键，既不是应聘者的天资，也不是应聘者回答面试官问题的正确率。

如何让应聘者正确理解我们需要的人才类型是什么，是我这个做人力资源部长的责任所在。所以，我做过详细的调研，运用管理顾问的专业分析法，来思考问题的症结在哪里。

我发现，实际的状况是，很多人连全球化市场到底需要什么样的人才的概念都没有。比如说，最近很多人都在谈论，国家必须着力培养“全球化人才”，而我却从这个名词中发现了某个关乎存亡的问题（这个问题我将在本书的相关章节中详述）。

通过一连串的问题和分析，我领悟到，麦肯锡所追求的人才，就是当今社会所需要的人才。即便如此，却因为许多人的观念问题，导致“全球化人才”这种不上不下的半吊子名词大行其道。

我们的职场人士如果能够正确理解未来人才必须具备什么样的素质，并依此标准来充实提高自己，不但可以改变长期停滞、没有生气和活力的社会和企业，也能够让每个人的职业生涯产生巨大的转变。对于那些刚刚进入社会，正要一点点地积累资历的年轻学生和商务人士来说也是一件非常重要的事。

我已从麦肯锡离职三年，但目前仍然有保密义务，因此，本书并非要介绍麦肯锡的最新人事制度和用人标准。在本书中，我要深入探讨的是以下两个问题：“在未来时代，全球商业前沿需要的是具备何种特质的人才”以及“职场人士为何无法正确理解和掌握这些特质”。接着我将从“一旦具备了这些特质和技巧，将如何改变世界”这样的社会层面，以及“对个人的工作方式和资历积累将产生什么变化，能够拓展哪些可能性”的角度切入，找出问题的答案。

我在麦肯锡日本分公司担任人力资源部长的时间超过10年，如果我的所学所闻能为年轻人指明方向，让他们能够明确自己的目标，知道自己应该具备哪些特质和技巧的话，将是我最大的荣幸。

伊贺泰代

CONTENTS

目录

第二章　我们要的是未来的领导人才

第三章　混淆的领导能力

第四章　领导者的四项任务

第七章　人人都要有领导能力

第八章　以领导能力掌控人生

序　章

成为麦肯锡的人力资源部长

■ 我在麦肯锡的17年

1993年夏天，我结束了两年的学生生活。为了能到麦肯锡企业管理顾问公司日本分公司工作，我从温暖如春的美国加州回到酷暑炎热的东京。当时，我刚刚拿到MBA硕士学位，是一个存款为零的穷学生。我用麦肯锡发放给我的入职准备金租了套公寓，匆忙地购置了一些日常生活用品，重新穿上在衣柜里存放了两年的工作套装，投入到工作中，开启了我的17年麦肯锡职场生涯的序幕。

在企管顾问行业，有个不成文的准则：“不进则退”，即是说，当积累到一定的职业资历时，你要么升职，要么离职，别无选择。这个准则也常常被视为美国企管顾问公司人事制度的象征。

如果要严格遵循这个准则，我在麦肯锡工作17年，就得不断地升职，最终应该升任到资深合伙人才对。可是，我在麦肯锡却选择了一条不同的职业路径。

我在麦肯锡的最初5年，从事的是管理顾问工作，从1998年起，我转换了职业跑道，在麦肯锡日本分公司从事人力资源管理工作。刚开始，我只负责招聘非应届毕业生，以及他们入职后的培训工作。这样又过了6年，我成为人力资源部部长，负责所有新进员工的招聘工作。

我在麦肯锡日本分公司从事人力资源管理工作超过10年。在这期间，我负责了公司大部分应聘者的初试，准确地说，就是通过应聘资料对应聘者进行审查筛选，以及对应聘者进行一定的测试。经过我初试的应聘者应该有上万人（由于有保密义务，本书中所有数字都只是概数），其中有很多应聘者确实是拥有独特“才能”的人才。

自2000年后，外资企管顾问公司在求职者中人气高涨，应聘者趋之若鹜，招聘条件水涨船高。这样一来，我就有幸与全日本想进入麦肯锡的顶尖人才，包括本土大学生、就读欧美商学院的留学生，以及来自各行各业的留学生，进行面对面的个别谈话，从而得以见证他们职业生涯的转折点，甚或人生的转折点。

以我在麦肯锡从事人力资源管理工作12年的经验或经历，我开始认真思考这样一些问题：我们的教育缺乏的是什么？我们的国家所需要的是具备何种专长的人才？而这样的人才必须经历哪些过程才能培养出来？

我进入麦肯锡后，一开始是从事管理顾问工作，第5年我转换了工作岗位，成为公司人才培养和人才招聘主管。其实这样的经历并不常见，但现在回想起来，早在进入麦肯锡工作之前，我就对人才培养和职业规划产生了兴趣，准确地说，这种兴趣应该是在美国读书期间就开始的。

■ 泡沫经济与留学美国攻读MBA学位

1986年，我从日本一桥大学法律系毕业，作为储备干部进入日兴证券承销部。这一年，日本实施了《男女雇用机会均等法》。我是在前一年，也就是在大三下学期就开始找工作的（日本的大学生多数都在大学三年级下学期开始找工作），这一年是许多企业还可以正大光明地公告“储备干部仅限男性”的最后一年。

今天看来或许觉得不可思议，但在当时的企业招聘人才时，都是先招聘男性，结束男性招聘工作后，才开始接受女性报名。因为在当时还没有实施《男女雇用机会均等法》，有的企业甚至会直接说“明年才有女性招聘名额”，根本不给女性应聘的机会。

在这样男女不平等的用人环境下，日兴证券很早就开始聘用女性作为储备干部，并且规定“女性储备干部与男性享有同等的入住公司宿舍的权利，且无须穿着工作制服上班”，这在当时是相当开明的企业。

即便如此，与我同期进入日兴证券的男女职员中，男性就有350名，而女性只有8名。这8位女性分别是：东京大学2名（法律系和经济系各一名），一桥大学2名（法律系和经济系各一名），庆应义塾大学、早稻田大学、上智大学各一名，还有一位是从美国大学毕业的美国人。在悠闲的一桥大学所在地国立市度过学生时代的我，对于突如其来呈现在眼前的残酷社会现实深感震惊。

当时正值泡沫经济时期，我进公司时，日经平均指数处于15,000至16,000点之间，而到了3年后的1989年底，日经平均指数达到了史上最高的38,915.87点，股票投资人大赚特赚，整个证券投资行业处于春风得意的亢奋期。

我所在的法人资金周转部门也一样，陆续以市值发行大型增资股、可转换公司债，或者附认股权证公司债。负责发行业务的大型证券公司只要手握一个资金周转业务，就可以赚取数亿到十几亿日元的手续费。

由于当时储备干部中的女性很少，所以公司经常派我去陪客户打高尔夫球，或者参加一些业务招待聚餐。于是，我白天往来于办公室所在地丸之内与中央政府机构所在地霞关之间，晚上在银座接待客户，节假日则有高级黑头车接我到贵族高尔夫球俱乐部。这就是我这个刚入职场的新人的全部生活，现在的上班族看了一定觉得匪夷所思。

话又说回来，这种景气的好日子，即使像我这样刚进入社会没几年的菜鸟，也能看出来一定不会长久。当时的大藏省（相当于财政部，后来改革为财务省和金融厅）以护卫舰队般的手法保护着这样的光景：银行就算没有多少准备资金，也能无限放贷；制造企业用银行的贷款来投资土地或股票，能够获取比本行业高出好几倍的利润；野村、大和、日兴、山一四大证券公司在垄断市场中赚取高额手续费。

身处泡沫经济这样的特殊年代，在证券公司法人部门这种极端环境中积累最初工作经验的我，被市场经济那股无法阻挡、足以吞噬一切的巨大浪潮完全震慑。

在泡沫经济盛行时期，进军日本的外资投资银行开始与各大型证券公司展开人才大战，挖墙脚抢人才，企图正式展开法人金融业务。当时日本的资本市场中存在着许多不为外人所知的日本特有的规则，外资投资银行必须借由从当地证券公司挖来的人才，才能了解和熟知其中奥秘。

有一天，已跳槽到外资金融机构的前辈约我一起吃饭聊天，他告诫我："日本很快就要金融自由化了，像你这样刚入社会的年轻人应该做好准备，到世界著名的美商投资银行积累经验，充实自己。"他还建议我："至少要拿到美国的MBA学位。"听这位前辈这么一说，我在接下来的一周就报名准备托福和GMAT考试表。这是日经平均指数达到历史上最高点后几个月的事。

1991年夏天，我前往美国加州大学伯克莱分校开始了我的留学生活。伯克莱分校坐落在气候温暖宜人、阳光明媚的旧金山湾区，学校有来自世界各国的留学生。在硅谷热潮来临之前，这里是物价便宜、四季如春，人们穿着T恤和牛仔裤的悠闲大学城。

一提到在美国留学攻读MBA学位，常常听过来人说他们如何"熬夜学习指定书籍和分析案例，或者是埋头进行分组作业"，可我的学生生活却是很优哉乐哉的。其实，美国商学院的课程内容都是一些基础知识，对于我来说，在日本拿到了高级证券营业员资格，已经在金融证券业工作了5年，并不觉得有特别的困难，只是阅读英文资料的确花了我很多时间。一些美国同学在入学前，大多也只有3年左右的工作经验，并没有什么让人惊叹的高深见解或资历。

我并不看重成绩，所以只做最基本的预习和作业，确保能够拿到学分就行，其余的时间就与各国留学生一起下厨做饭，享用世界各地的美食，我们还时常去墨西哥或南美洲旅行。到美国留学前，我在日本泡沫经济中度过了忙碌的5年时光，到美国后，我常常逛逛街、看电影、休闲阅读，尽情地享受这段久违的学生生活。

不过话虽这么说，尽管上课内容没有什么特别之处，但商学院这种属于美国研究所的教育机构却有许多吸引我的东西，并且让我再三思索："为什么日本没有这样的学校？"

商学院所开设的金融学、统计学、经济学、行销企划或组织论等基础科目都没有什么特别之处，而且美国的教科书编写得非常详细，甚至有点过分详细，只要看看教科书，也就能够大概理解上课内容。

然而教授学生具有说服力的说话术、谈判术、提案技巧以及课程背后的心理学等与沟通相关的内容设置，还有领导能力、组织管理这些人际关系技巧的实践课程，都是当时日本大学几乎看不到的。"在研究所教育中教导学生这些技巧"本身就是一种全新的教学概念。

另外，学校附近的商业领袖也时常造访校园，如当时已经离开苹果的乔布斯、GAP的创办人等，他们来到校园与学生分享具有个人特色的创业故事，让我们从他们的演讲中学到有关经营管理或营销方面的实用知识。这些企业家充满魅力，光是听他们演说，就让人欢呼雀跃，能够提高同学们对工作的热忱，可说是最佳的商业教育课。

同时，我们还会在上课时去访问附近的NPO（非营利组织）、学校、中小企业，练习如何拟定支持这些组织和企业的经营策略，或是针对行销、资金运作、组织问题开展咨询。我经常在想，如果日本的大学也能有这种课程设置，将会对学生有很大的帮助！

■ 美国商学院：“让美国人认识世界”

美国商学院本身的策略与日本大学大不相同，世界各国的学生之所以聚集到这里，究其原因有两个。

第一个原因是，提升学校的知名度。

美国商学院希望通过汇集来自全世界的智慧，来确立大学本身的地位，提高其评价。众所周知，美国是个移民国家，许多移民都成为诺贝尔奖得主和大企业的创始人，也因此，每所大学都希望获得未来能在各行各业领先的人才——不论他们来自哪个国度。另外，这些留学生将来若能成为各界领袖人物，那么母校自然就会被视为是“人才辈出的学校”，并以此为荣耀。正因为如此，学校才会致力于招揽世界各国的优秀学生来学校学习。

第二个原因是，为了“让美国学生认识世界”。

美国学生并非一开始就是“全球化人才”。英语是世界语言，美国人走到哪里都能吃到他们爱吃的汉堡，美国国内市场就很大，他们也就没必要非要学习其他国家的文化知识，也没有非要到海外去工作不可的理由，就连出国旅游的人也不是特别多——反正在美国要什么有什么。

在这种环境下，美国仍旧能诞生世界上最多的跨国公司，就是因为在美国拥有教导商业人才 “放眼全球”的环境和价值观。而实施这种教育的重要场所，就是美国的商学院。

只要与来自全球几十个国家的同学一起在商学院同窗学习几年，美国的学生就能从来自不同国度的同学身上学到关于全世界各国的各种知识和文化。即使“就连基本价值观相同的欧洲，都和美国有诸多不同”，“原本以为亚洲是同一个文化圈，原来亚洲各国之间有如此大的差异”“直到今天，中东仍然保有这样的风俗习惯”，等等。

对美国商学院的学生来说，来自世界各国的留学生就是“外国人样本”。在商学院里，他们只要和日本的学生一起进行分组作业讨论问题，就会知道“日文的‘是’和英语的‘yes’意思是不同的”，或者是“跟日本人讨论时必须注意这些重点，否则他们不会说出心里真实的想法”，掌握了这些技巧和重点，等到将来和日本人谈生意时就能派上用场。

近年来，美国各大商学院的日本留学生逐年减少，这不仅是因为日本报考的学生减少，或者是日本学生的英文水平不好的缘故，而是美国的商学院考虑到“他们有必要好好教导美国的学生了解印度的文化和知识，学会如何与印度人打交道做生意，或者学会与中国人共事的诀窍”，所以他们会把一定名额留给这些新兴的国家，这样一来，日本留美学生的名额自然就减少了。

“为了让美国商业人士能够得心应手地与全世界各国人做生意，在学生时代就要多给他们机会，让他们与来自全世界的学生一起学习与合作”，这就是美国商学院为什么要招收留学生的原因之一。也就是说，美国的商学院是一个培养全球性商业人才的教育机构，商学院承担着让美国学生打开眼界的教学任务（因为他们往往只关心国内的事）。正因为有这样的教学定位，他们才会招收来自世界各国的留学生。

我们回头来看看日本大学和研究所又是如何做的呢。在日本，他们即使积极招收外国留学生，但往往只以某些特定国家的学生为主。我们很明显地看出，日本学校的招生政策，与其说“将校园打造成迷你联合国”，还不如说是“以外国留学生来弥补因为少子化而减少的学生人数”。

最近日本有些大学也开始用英语授课，却只有授课老师是外国人，而学生大部分都是日本人（只有少数学校例外）。这种做法与美国相比差距还是很大。美国大学招收世界各国留学生来校学习，“借由和不同国籍的学生共同学习，营造出与世界接轨的校园环境”。

美国其实是个非常封闭的国家。他们认为美式价值观和民主就是世界正义，而其他国家的人只要会说英语、穿上牛仔裤、一边喝可乐一边吃汉堡，就算是“富裕的社会”了。但另一方面，这个国家所培养出的多数企业家，从创业的那一刻起，就已经考虑把其事业版图扩展到全世界了。

美国人原本就具有强烈本土意识，他们对自己的价值观和文化抱持着无可撼动的自信与自豪。但另一方面，他们也总是放眼全球，着力培养能活跃于世界大舞台上的国际人才。美国的这种做法，不正是当今日本所应该学习的吗？

在日本，只要一提到“全球化的必要性”，就一定会有人反驳：“日本有其独特的文化和价值观，不能把国外那一套直接搬过来照用。”然而，我们认为提倡全球化，并不是说要贬低日本本国的价值观或文化，相反，一旦与世界接轨，才能重新发现它们的价值。

说得更深入一点，正是因为我们对自己国家独特的文化有坚定的信心，才更要胸怀世界、放眼全球，学习和吸取他国文化和知识的精华。美国企业广纳世界各国优秀人才，即使将版图扩展至世界各国，却仍然是那么“美国”，我相信日本也做得到这一点。

“日本为什么不积极利用教育机构，来培养能活跃于世界舞台的人才呢？”在美留学期间，我反复思考着这个问题。

我个人认为，美国顶尖商学院所教授的课堂内容，的确让人觉得收取高额学费物有所值。

近年来美国商学院学费虽然不断上涨，让就读商学院呈现出“全球性学位买卖”的状态。尽管如此，这些学校的招生与入学审核、教学方针、课程设计、学校管理方式以及在正规授课外的教学内容……所体现的是“我们要培养什么样的人才”的概念，其中的确有许多值得日本教育机构学习的地方。

我在美国两年MBA留学生活中所学到的，也并非最先进的金融理论或行销技巧，但却是一套无懈可击的人才培育系统。美国在培养世界性人才的同时，赚取了高额的外汇，又能聚集来自世界各国的聪明大脑，让学校所在的小镇充满生气，并且让大部分外国留学生成为理解与喜爱美国的人。

令人感到意外的是，当我带着“原来美国商学院的人才是这样培养出来”的感叹从学校毕业，来到麦肯锡日本分公司后，我看到的却是一套更加炉火纯青的人才培训系统。

■ 从业务前沿转向后勤部门

30岁刚出头的我，一进入麦肯锡，就被这家公司的做事方式震惊不已：竟然让一个只有数名成员的小组，去处理一家大企业经营者所遇到的问题。那种速度感、每个人所负责的领域之广泛，以及涉及问题的复杂性，都远远超出我在上一份工作，以及商学院中所学的一切。

尽管还没怎么搞清楚状况，但凭着一股傻劲埋头苦干，两年后，我升职为经理（正式职称为“专案经理”）。我在麦肯锡当了5年的管理顾问，在这期间，我参与了各种专案。

在麦肯锡，我们称离职同事为“毕业生”，就如同许多“毕业生”所说，我在这5年时间里学到了很多东西，包括：基本的问题解决方法、专案的运作方式以及综观业界、经营者角度看事物的训练方式等。但是，我仍然强烈地意识到自己对“麦肯锡人才培训系统”的兴趣，远远大于成为一名顶尖的管理顾问。

尤其是在我升任经理后，我增加了很多担任公司职业培训讲师、接收暑期实习生，或参与招聘工作的机会。当时，如果要担任招聘面试官，就必须先参加公司举办的全球性研习会，我因此到伦敦接受了三天两夜的训练学习。在那里，我学到了案例面试的详细进行方式、提问的遣词用字、详细的审核基准和填写审核评价表的方法，还更进一步地了解关于种族、宗教信仰等公司规定的禁止问题。

到伦敦参加培训时，我已经是经理了，但参加者中也有刚进公司一年左右的员工，他们是来自伦敦当地分公司的管理顾问。培训一开始，教官先教我们面试方法的理论知识，接着将我们分成几个小组，让我们反复进行模拟面试。这时我们会互相交换意见和心得，并学习很实用的面试方法。就在这时，我深刻体会到麦肯锡的问题解决技巧和面试方法的强大威力。

我的英文听说水平，在外籍管理顾问耳里听起来大概也只有小学程度，但我提出的问题或意见，有好几次都被评为“非常切入核心的问题”“极具建设性的意见反馈”。

这让我想起在美国就读商学院时分组上课的经验。当时我和以英语为母语的美国同学在一组，在这种情况下，要想展现出自己的价值是不太容易的。尽管我比他们多了那么一点点知识和社会阅历，但英文不如他们好，所以必须付出更多的努力，才能为小组做出一些贡献。

在参加伦敦的面试训练时，我已进入麦肯锡工作3年了。我之所以能对刚进公司一年的英籍管理顾问提出许多建议，并非因为我的英语水平突飞猛进地提高了，而是进公司后，为了处理专案所培养的解决问题的方法以及各种收集资讯的谈话技巧，对于面试来说，也是必须具备的。正是有了这样的基础，我才能对其他管理顾问提出中肯的建议。

从这个例子可以看出，解决问题或收集资讯的技巧是非常有用的，甚至足以弥补你的语言能力的不足。

在麦肯锡，针对管理顾问的技巧训练大多是全球共通的，各国分公司在培训新员工时也都使用相同的教材。升任经理后，有时还会用自己刚进公司时所接受的那一套训练方法来教导新员工。

在有新员工入职时，公司就会发给他一本厚厚的培训手册，新员工的教育训练就是按照这个手册来进行的。看了这本手册后，我就明白自己当初入职时所受的培训，其实是经过公司精心设计的。对我来说，在开始对人才培训系统产生兴趣时，能够接触到“想让学员学到某种特定技巧，应该如何设计培训内容”，以及实际的运用技巧等这些全球性案例研究背后的知识，是非常有意义的。

我除了担任公司管理顾问，处理客户的专案以外，同时还协助公司培训员工或参与面试工作。这样一来，我渐渐地觉得我对培训工作更感兴趣，也感觉更适合自己今后想做的工作。

在当时，身为管理顾问经理的我，按职业发展路径，应该朝着升任为准合伙人迈进，并确立自己今后的专业发展领域。简单地说，我走到了职涯的分岔点，要确定今后朝着哪个方向发展。我当时主要负责事业开发和行销方面的专案工作，但也可以更改职业方向，以人才培训或组织论为专业。不过我感觉负责麦肯锡公司的人才招聘和员工培训工作，对我更具吸引力。

在我看来，麦肯锡的人力资源相关制度非常完善，运作得也很完美。我觉得自己能够掌握“关于这个组织人才培训系统的一切，相信未来对社会所做的贡献，会比作为一个管理顾问要来得多”。我从工作到现在，这是第一次对自己的职涯规划做出如此重大的抉择。

■ 主动出击，争取新职位

自从改变职业方向，规划新的工作职位到现在，对于做出由管理顾问经理转任人力资源经理的这个决定，我认为是自己“长这么大，第一次按照自己的想法转换跑道”。

我从大学毕业后开始找工作，后来又辞职去美国留学，毕业后回日本进入麦肯锡担任管理顾问，我也经历多次工作上的变换和抉择，而且也一直认为这些选择，都是在经过了深思熟虑后才做出的。

但是当我进入麦肯锡之后，我又开始觉得，做出这些决定“未必完全都是自己的选择”。在高中念书的时候，父母和老师总是对我说：“你应该去你能考得上的大学中排名最好的大学读书。”我毫不怀疑地听从了他们的话。

带着这样的思维，在准备找工作时，我就在想：“我应该在那些能录用我的公司中挑选最好的一家。”在那个时代，所谓的“好公司”就是指上市、知名度高、在业界数一数二的龙头企业。

开始工作后，我又想：“金融业，欧美外资投资银行才算顶尖企业，我是不是该跳槽呢？”或者“如果不拿到美国商学院的MBA学位，好像往上爬是很艰难的”。所以一直在考虑换工作或者留学。

当时我以为这些都是按自己的想法选择的路，但是现在回过头来看，却不是这么一回事。我是在不知不觉中被灌输了这样的理念，认为只有按照这个似乎是社会公认的标准“步步高升”，才算是“出人头地”。

在美国读MBA期间，一到暑假，我就会回日本到高盛证券的投资部门实习，因为这个时候，我还是打算拿到学位后回到金融部门工作。现在回想起来，这种想法还是不够成熟的。

1993年，IT产业尚未兴起，创业热潮也还没到来，对一名商学院学生而言，投资银行和管理顾问公司是最令人向往的两个行业，这也是我要在这两个行业找工作的原因。

在商学院读书的时候，我们班上有一位同学说：“我希望能在加州开一家酒庄，将美国葡萄酒介绍给全世界。”还有一位热爱日本动画的同学表示：“想从事能将世界各国顶级娱乐项目引进到美国的相关工作。”

不过在当时，我完全无法理解：怎么都在商学院读硕士了，居然还有人只想着在一个小地方开个酒庄？看到朋友很开心地说，“想先翻译自己喜欢的日本漫画，试着卖卖看”，我也觉得他并没有意识到兴趣爱好与工作的区别。当然，今天的我已经懂了，他们才是真正不受社会价值观左右，非常清楚地知道自己究竟想做什么的人。

至于还在想着“究竟要选麦肯锡还是高盛”的我，则是依旧按照已有的社会标准来选择自己应走的路和职业，而且还一直以为这些都是自己思考后所做出的决定。后来，我的想法有了大幅度转变。

身为麦肯锡管理顾问，你不能依赖社会一般常识来思考问题，你必须时时刻刻“从零开始”思考。你不能从“别人说”“大家说”“一般来说”出发，而要拿出自己独有的想法和结论。这种基本心态远比MECE分析法（Mutually Exclusive Collectively Exhaustive，意指彼此独立、完全穷尽）或逻辑树分析法等技巧来得重要，麦肯锡也会以此标准，彻底地教育每个管理顾问。

为了解决客户的问题，作为管理顾问，我们必须具备这些基本职业态度，而它们也在我们规划自己的职业生涯时发挥重要的影响力。包括本人在内，大部分管理顾问在进入麦肯锡之前，都是按照社会标准按部就班地往上爬的模范生，但是进入公司之后，我们中的许多人都意识到要“从零开始重新思考自己真正想走的道路”，并且也确实做出了和以往截然不同的职业选择。

当时的我，正站在从管理顾问经理迈向合伙人之路，同时，也是站在再度检视自我职业生涯的分岔点，我也开始了思考：除了“成为合伙人或离开麦肯锡”这两个选择之外，是不是还有别的路可走?这时很自然地，我觉得自己应该选择“最有兴趣的工作”，如果眼前没有这个选项，我就自己创造一个。

麦肯锡严格要求每位员工都必须做出成绩，但公司也愿意配合员工因自己的个性、资质、家庭因素或本人意愿而提出的职涯规划要求。在转换岗位之前，我除了担任管理顾问外，也积极参与面试、指导录用者和实习生的相关工作，并且担任公司内训讲师。这些工作让我觉得很有意义，实习生或新员工对我的满意度也是相当高。

考虑再三的结果，我还是希望能留在麦肯锡从事与人力资源管理相关的工作。于是我自行规划了职位内容、权限、职责、活动范围，撰写出一份“职务说明书”，再加上到目前为止所得到的各方面的意见和反馈，公司让我在合伙人“经营团队”会议上做了这样的说明与提案：“比起管理顾问，我觉得更适合担任人力资源相关职务，而麦肯锡国外其他分公司也有管理顾问转任人力资源职务的先例。另外，以日本分公司目前的规模来看，设立专职人力资源部长，是有其意义的。”

关于这件事，其实我事先曾与交情比较好的合伙人讨论过，对方劝了我好几次：“你应该再慎重考虑一下。”毕竟麦肯锡是个由管理顾问掌握所有决定权的组织，也就是说管理顾问才是重要职位，而我却想调到后勤支援部门，他希望我仔细思考背后所代表的意义。的确，如果是在进麦肯锡之前，我一定会对这种看似“降级”的决定感到迟疑，更别说是主动提案了。但是麦肯锡这个组织教会我“用自己的脑袋想过后再下决定”。尽管转换岗位年薪会大幅减少，也从此离开了晋升合伙人之路，但这个选择是经过反复且慎重思考所做出的，所以我没有任何迟疑。

在当时，麦肯锡日本分公司并没有专职人力资源部长，是我自己对经营团队提案，建议设立一个新职位，并且说服公司“聘用我担任这个职务”。我非常感谢当时的合伙人同意了我的提案，让我成功跃上了在麦肯锡的第二个职业舞台。

第一章

受到误解的录取标准

■ 天大的误会

从2000年开始，外资管理顾问公司在就业市场上的人气开始急剧上升，在一些大学里，甚至与日本的一流大企业一样受到学生追捧。包括商学院MBA在内的美国研究所也是这样，不管你是自费留学生，还是企业外派的留学生，越来越多的人对外资顾问公司感兴趣，纷纷转行做管理顾问。

每每听到有学生说“最优秀的学长都去了外资顾问公司”，或是“在日本著名大企业上班的父亲建议我去麦肯锡上班”，都让我回想起自己的学生时代，当时刚毕业的学生到外资顾问公司上班是一件稀奇古怪的事，不禁让我感叹时代不同了。不过，我觉得一家公司在求职者中的人气越高，越难以让应聘者了解这家公司究竟需要什么类型的人才。

在求职者中，除了抱着“因为这家公司很红火”“因为大家都争先恐后应征这家公司”……如此种种心态的应聘者越来越多，还有一些“因为很难录取，所以想挑战看看”“这家公司的报考时间比较早，所以想试试自己的实力”之类的“纪念型应聘者”。

随着网络的快速发展，越来越多的学生在网络上交流信息，许多关于录取标准或者面试方法方面的误解也在网上广为流传，成为公司头痛不已的问题。有人认为“案例面试决定一切”，还有一些想跳槽的人往往误以为麦肯锡公司需要的是具有特定领域经历的人才，甚至还有猎头公司误认为“麦肯锡喜欢录用东大的毕业生”。

我总结出五项比较严重的误解：

误解1：关于案例面试。

误解2：迷信“天分至上”。

误解3：以为“公司需要擅长分析的人才”。

误解4：以为“公司喜欢录用优秀模范生”。

误解5：以为“公司需要优秀的日本人”。

■ 误解 1：关于案例面试

大家对于企管顾问公司用人的最大误解就是关于“案例面试”。在美国，其他行业也会采用类似的方式招聘员工，但在日本，案例面试几乎和企管顾问公司的招聘方式画上等号，许多人都认为这是这个行业所特有的招聘方式。

在美国，商学院里的大学书店大都会有案例题库图书销售，模拟面试时也会请曾任职管理顾问公司的专业人士来担任讲师，学校非常重视这方面的训练。在日本，最近也开始为有这类需求的人举办研讨会，还有专门提供面试技巧的企业进军这块市场，书店里的相关书籍也越来越多。这样一来，却让大部分想进入这个行业的学生，被这些大量泛滥的信息搞得晕头转向。这些既花钱又赔进大把时间的所谓技巧训练，在应聘时不但几乎派不上用场，有时还会产生负面效果。

话虽这么说，应聘前不做任何准备工作也未免太冒险。其实，麦肯锡在官网上都会公开案例面试的实际过程或例题，想要了解“什么是案例面试”或“如何准备案例面试”的话，只要上网去看看这些信息资料就足够了。

从招聘人才的企业角度来看，不管是日本大学生或欧美的商学院学生，在参加案例面试时所做的准备工作都过了头。事实上，几乎没有听说过应聘进入麦肯锡工作的员工说 “我在面试的时候解答对了案例问题”之类的话。光是从这一点来看，就知道那些事前的准备工作并没有太大用处。已入职麦肯锡的员工在回想自己面试的情形时，大都会这样说：“我觉得自己在案例面试的时候，好像回答得不是很好啊，可是不知道怎么就这样被录取了。”就我本人来讲，面试官在面试时出了几个案例问题，我觉得没有一道题答得好的。

对面试官来说，案例问题回答得好不好，与要不要录用你几乎是没有什么关系的。

能被招聘进入麦肯锡做企管顾问，他们之所以总是说 “面试前几乎没做什么准备，案例面试时的表现也不怎么样”，个中原因就在于“案例面试要看的，不是能不能正确解题或做出好的答案”。

有些人花了很多时间熟读面试实战手册，或者多次进行模拟面试的应聘者也许很容易通过初试，却不一定能进入到最后一关，真正能够被麦肯锡录用的人也不多。

那么，案例面试究竟要评估哪些项目?

对面试官而言，他们最想知道的，就是“这个人是否喜欢思考”和“他的思考模式是什么”。

一个喜欢思考的人无论面对什么样的问题，他都会满怀热情和信心去思考。对于一个人来说，如果不能从中获得乐趣，他就不可能从事每天都要花好几个小时去动脑子的工作。

有些应聘者会事先将各种各样的案例问题背得滚瓜烂熟，只要面试官一说完题目，他就试图从脑袋里把所储存的已经背熟的答案中找出本题的解题答案，快速解答。

作为一名企管顾问，在面对问题时，我们都从脑袋里取出已经记住的所谓“解答”的知识，与在面对一个新问题时，经过“思考”而找出正确的答案，是完全不同的两件事。因此，当面前的应试者开始“寻找存档在脑子里的现成的答案”的瞬间，面试官便会做出这样的判断：“这个人依赖知识更胜于思考。”尽管还是会让面试官留下这个人是“会认真做准备的人”这样的印象，却也会有“这个人好像不太喜欢动脑子”的想法。

面试时，应聘者无论再怎么强调：“我是一个喜欢思考的人，非常想从事思考性的工作!”如果在面试官面前没有真正表现出自己是一个善于思考的人这一点，是很难让人信服的。如果你想展现出你的思考能力，在回答问题时，就不要和盘托出那些事先已经背好的答案，而应该在面试的时间里努力思考。这也是一些来面试的人在事先做好了万全面试准备来参加案例面试，却始终没被录用的这样的事实。

还有一个很少有人知道的重点：“在案例面试时，应聘者有没有做出很好的解答，其实并不重要。”其实，案例问题只是一种作为可以了解考生思考模式的谈话材料，也就是说是否得出正确解答，根本无关紧要，况且大部分面试官会在谈话过程中随机应变，改变案例设定，当然也就不存在所谓的“正确答案”了。

应聘者在根据假设条件设定的商业案例展开讨论时，面试官可以清楚看出他们的思考过程或模式。也就是说，面试官想知道的，不是“考生的思考过程是否正确”或“程度好坏”，而是要考查“这个人的思考是属于哪一种类型”。

既然“案例问题没有正确答案”，那些试图循着记忆去“找出答案”的人，与面对问题专注思考的人，其表现出来的态度是完全不同的。当应聘者一边努力从记忆中找出答案，一边表露出“这个答案是你们想要的吗?”的表情时，就会让人看出他完全不适合从事需要思考性的工作。说穿了，案例面试并非“找答案的游戏”，而是“开启思考过程，并将其展现给他人的工具”罢了。

此外，应聘者的心理层因素也有所不同。那些事先几乎不做任何准备的考生，大多是过度自信的人。他们觉得“麦肯锡不可能不录取我”，不会去想“怎么做才能让麦肯锡录用我”；甚至有的人只是抱着“想看看麦肯锡是不是值得我来上班的企业”的态度。

相反，有的人即使花了很多时间准备案例面试，仍然难以掩饰不安：“我的准备工作做得够充分吗?”“我的面试表现够不够好?”面对如此态度上的差异，我相信大部分的企业都会比较欣赏前者才是。

事实上，很多麦肯锡的员工在面试时，都是太过自信的那种人，而且也都有“进了公司后不久，自信心就被摧毁得荡然无存”的惨痛经验。这一点面试官都很清楚，即使应征者表现出一副胸有成竹的样子，也不会认为他们张狂自大，反正只要一进入麦肯锡公司，他们的这种自高自大的态度马上就会烟消云散了。应聘者的骄傲果真是来自过人的工作阅历和经验，相信面试官一定会更加赏识。

那些成功应聘进入麦肯锡的员工之所以说“没有事先准备案例面试”“案例问题回答得不好”，其实是基于以上的原因。他们在面试的时候，绞尽脑汁地去思考，最后尽管没有想出很漂亮的答案，却展现出了自己努力尝试思考的过程，让面试官看出他们适合做管理顾问这个行业的，最后也就得到了录取的机会。

■ 误解 2：迷信“天分至上”

“天分”是个容易被误解的概念。最近“天分”这个词被过分渲染，几乎成为一种迷信，让许多人理所当然地认为：“外资企管顾问公司要录用的一定是头脑聪明的人才吧！”

毋庸置疑，头脑聪明的人当然比愚笨的人要好，然而迷信天分最大的盲点在于形成了“只要头脑好，就能被外资企管顾问公司录用”的误解。

管理顾问工作的基本内容是为企业经营者提供服务。他们所要做的工作，就是与所服务的企业经营者进行商讨咨询，并帮助经营者解决经营管理中所遇到的问题。这些工作主要分为三个步骤：

1. 首先进行有关经营事项的咨询。

2. 其次找出解决问题的方法。

3. 最后解决问题。

这三个步骤中，与个人天分扯上关系的，只有第二项“找出解决问题的方法”，但其他两项更重要。如果受到“天分至上”思想的毒害，就不会看清楚这一点。

比如第一个步骤是“进行有关经营事项的咨询”，我们只要稍微想想就知道了，在咨询过程中，企业的经营者或高层管理者，很可能是侃侃而谈，随便谈谈自己的公司在经营管理上遇到的问题。

谈论的这些问题很可能包含有公司的重大机密，万一泄露给了竞争对手，很可能会给公司造成致命的打击。此外，“请公司以外的人咨询经营管理上的问题”这个做法，实际上是暴露自己身为经营者的问题和缺点，一般来说不可能轻易与局外第三者讨论自己遇到的问题。不管是决定合并事项还是裁减某项业务，就算只是与自己的直属部下或同属高层管理者讨论，都可能会再三犹豫。

能让经营者愿意对你说出重要问题，并非“只要有办法解决，不管谁都可以”，彼此之间深厚的信任才是不可或缺的。作为管理顾问，不但要让对方对你产生“你只会忠诚于我们的公司，不会倒向我们的竞争对手”的信任感，还要有足够的包容力，让经营者觉得“让这个人看到自己的缺点也无妨”，更必须有足够的领导能力，让经营者相信“你一定能帮我解决问题”。以上这些特质都是作为管理顾问所必备的，关于这些，我相信谁都能看得出来，这与“天分”完全无关。

作为管理顾问，并不是简单地将输送带运过来的问题修理好，再放回输送带上运回去就行了。

在管理咨询中，所有需要解决的问题都不会“主动送上门来”，只有得到企业经营者的信任，管理顾问们才会知道自己究竟该解决什么问题。

找到问题之后的工作也是非常重要的。“能找到问题”和“能解决问题”是完全不同的两件事。即使你知道了“只要这么做就可以解决问题”，一旦要去实行还是需要得到许多支援的：可能需要自己公司同人的配合，还必须巧妙地与其他公司达成某种合作协议，也可能需要被咨询的企业经营者去涉足某个他未曾接触过的领域。

以上的统筹工作能力以及即使遇到难题也能够保持前进的动力，都与个人天分的优劣高低无关。作为一名管理顾问，需要的是对人和组织的敏锐洞察力、坚韧的精神，以乐观态度面对未知的事物，对事物做出正面思考，还有不屈不挠的毅力和领导能力等。

然而那些迷信个人天分，又对此深信不疑的应聘者，在面试时会拼命地向面试官表露自己是如何如何聪明。这些应聘者会滔滔不绝不厌其烦地陈述自己过去工作成绩有多么辉煌、自己又是多么优秀，却完全没有意识到面前的面试官到底是怎么看待他们的。你可设想一下：身为客户的经营者会认为一个不断强调自己如何优秀的人是值得信赖的咨询对象吗?会想对这个人敞开心扉透露自己公司的机密、分享自己在经营上的苦恼吗?会相信这个人是能和组织中的对立面达成共识、率先大刀阔斧进行改革的伙伴吗?

那些在面试时完全不观察面试官的表情，只顾着陈述自以为是正确答案的面试者，并没有意识到：你将要从事的管理顾问业也是服务业。你自己现在讲的话给倾听者什么感觉?对方会不会觉得你说的话很无聊?是不是已经答非所问了?你所说的对方能不能理解?如果你对听者的反应不够敏感，即使你聪颖过人，也是无法从事管理顾问这一行业的。

作为面试官，我们在面试时所关注的，并不只是“如果把客户的经营管理问题拿来，看看这名应聘者是否具备找出解决问题答案的聪明才智”，而是要看这名应聘者在未来的工作中能否成为所服务企业的经营者信赖，并愿意找他交谈、咨询各种问题的管理顾问。

想要得到身经百战、经验丰富的经营者的肯定，就必须与组织中的其他人员一起分工合作，脚踏实地将工作中实际发生的每一个细小问题一一解决。许多人之所以有这种过度看重“天分”的倾向，其实是因为他们都不了解管理顾问是服务行业。做这一行头脑聪明当然会对工作有帮助，但光靠聪明却是无法完成工作的。其实，这个道理不管是在其他行业，还是在管理顾问这一行业，都是相通的。

一般社会大众还有一个与个人天分有关的误解，就是“思考力”。有些人认为思考力就等于“思考技巧”，但事实并非如此。如图/表1所示，想要拥有敏锐的思考力，还必须具备思考意愿和思考体力。思考技巧是可以在进入公司后的训练中加以培养的，因此我们在面试时，不需要确认应聘者是否一定要具备这种能力，只需要确认“这名应聘者只要加以训练就可以做得到”就行了。

然而思考意愿和思考体力却非一朝一夕就能培养的，所以必须在面试时就要仔细考查，并做出正确的判断。也就是说，我们在面试时需要考查的思考能力，并不是应聘者是否懂得使用MECE或逻辑树分析法等“思考技巧”，而是考查应聘者是否具备“思考意愿”和“思考体力”。

在一般人印象中“有敏锐思考力的人”，应该大多是“思考技巧高超”的人吧，但是适合做管理顾问的人，其实是“能够透彻思考至某种极限的人”。这种人喜欢思考，而且乐在其中。也就是说，这种人有强烈的思考意愿，只要一有时间他就开动脑筋思考问题。

图/表1　拥有敏锐思考力的必备条件

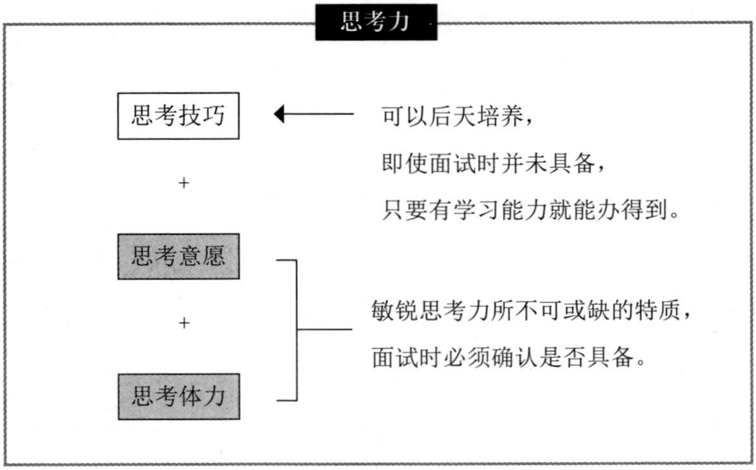

有这么一些人，虽然能够运用各种高难度的思考技巧，却并不喜欢“思考”这件事；也有这样一些人不管看到什么都提不起兴

趣，更没有进一步探求的意愿；还有一些人嘴上说得很好听，自己非常喜欢思考问题，然而一旦真要他们动脑筋想问题，他们很快就举白旗投降了。

思考问题是要消耗一定的精力和时间的，因此思考意愿低的人通常是从来就不喜欢思考问题。其实，有些人具有非常棒的接受能力，只要学会如何使用思考方法和工具，立即就可以灵活运用，轻松自如地思考问题。即便如此，很多人还是对自己周遭发生的事情和日常生活中的所见所闻漠不关心，更谈不上思考了。

相反，即使在别人看来，“想这种事有什么用呢”，对思考意愿高、善于思考的人来说，仍然可以花许多时间去思考。也许他们的思考技巧不够好，但是他们喜欢思考这项活动，有时甚至为了一个主题花上好几年的时间去思考。适合做管理顾问的，就是这种人。

思考体力也是同样很重要的。如果你花上好几个小时绞尽脑汁去思考，却连答案的边都没摸到时，一定会搞得头昏脑涨，甚至想去做一些不动脑子的简单事情，放松一下自己。持续维持脑力的高速运转会很累的，是一件让人非常疲倦的事。

想成为一名出色的管理顾问，具备良好的思考体力是很重要的（事实上，我的思考体力并不好，这也让我觉得自己要成为合伙人是有一定困难的）。麦肯锡的大部分合伙人除了具有敏锐的洞察力和预见力外，他们在身体和精神上的持久力都比一般人强，可以隔三差五就能乘坐十几个小时的飞机出差，还能一路上不断动脑筋思考问题，精力不是一般的旺盛。

在麦肯锡的招聘面试中，常常可以看到一些“天资聪颖的应聘者”，在连续接受两三场口试，并与其他人进行好几个小时的讨论后，带着疲惫不堪的表情走出面试会场。我想他们以前从来没有经历过这种长时间集中思考吧。

如果只是因为经历几个小时的口试和讨论，你就感觉筋疲力尽的话，那只能说明你的思考体力太差，这样是无法在管理顾问的战场上厮杀的。作为一名管理顾问，在实际咨询工作中，常常要在高度紧张的状态中连续参与好几个小时的讨论，或者频繁搭乘飞机出差。所以你必须体力好，即使睡眠不足也不觉得累，还可以保持头脑清醒，仍然具备敏锐的判断力。

我们面试的重点，并不在于判断应聘者思考技巧的高低，而是要区分出这样两类人：“平时就习惯反复思考的人”和平时“不太动脑子的人”。我们称之为“思考能力强”的人，指的是喜欢思考（思考意愿高），并且具备能够持续思考的体力的人。简单说，就是“不管想多久都没问题的人”，都不觉得累的人。很显然，这种人本来就是会深入探讨各种事物或现象的人。

举个极端的例子，有些人虽然聪明干练，能够熟练使用各种逻辑性思考方法，无论什么案例问题都能对答如流，然而在平常生活中却从未主动去关心任何问题。像这样一类人，我们就不认为他们是 “思考能力强”的人。

■ 误解 3：以为“公司需要擅长分析的人才”

很多人对于“头脑聪明”这个概念所必须具备的要素，也存在一些误解：以为“头脑聪明”的人一定兼具高超的数字处理能力、卓越的理解力，以及能看清事物本质的敏锐洞察力。

具备这些特质的确很重要，但是它们其实都属于“掌握与分析现状的能力”。将复杂的数字处理之后，找出其背后的意义，或者是理解了复杂难懂的文件，搞懂了实际发生的各种事例，借此掌握事情的整体状况，这些都还只是掌握和分析了事情的现状。但“分析现状”其实只是“解决问题”这个程序的前半部而已。

要想解决问题，除了完成前半部的程序外，还要完成后半部“开处方”的步骤，也就是要找出“接下来该怎么做”，前半部是找出问题在哪儿，后半部是找出解决问题的方法。光是明白了问题出在哪儿，并不代表就能解决问题。

一个人如果只会分析问题，却缺乏找出解决问题对策的能力，也就是说，他的解决之道只不过是将“现状”这枚硬币翻个面而已。例如“这个商品价格比国外产品高，所以销路不好”（分析现状），翻个面就成了“把成本压得更低些，降低售价，销路就会变好”。这样做根本就没有解决问题。

正确的解决方法：想办法增加产品的附加价值，在较高成本的情况下，维持高价位，让客户能够获利，并设计出一套全新的盈利模式。

要想做到这一点，就必须从零开始构思一个“尚不可知的世界”，这与深入分析现状是完全相反的。作为一名优秀的管理顾问，你要能将收音机拆解并了解其内部的构造，还要有能力一边观察这些分散的零部件和材料，一边思考着“我能不能用它们再创造出其他什么有用的东西出来”。

在麦肯锡，如果你具有很强的分析力、理解力和洞察力，这些还不足以说明你是“聪明的人”。你要有办法找出解决问题的方案并有很强的建构能力，才算得上“聪明的人”；我们说的建构能力，是指“建立一个独一无二且实现时能带来足够震撼力的假设”的能力（即“假设建构能力”），以及“从零开始描绘并设计一个新提案”的能力。

我的意思并不是说大多日本人不具备这种能力，而是在日本，大家不认为这种能力是“聪明人”必须具备的要素。

说得再准确一点，在日本，只有学术界才可以对这种能力做出正确评价。例如许多得到世界认可的研究学者，就是因为拥有优秀的“假设建构能力”，才拥有卓越的学术成就。相信大家都会同意，对于一个研究者来说，具有建构独特假设的能力是绝对重要的，可很多人不明白这一点，对商业人士来说，这种能力也是同样非常重要的。

设计新提案的能力也是一样。要评论一下当前政治和经济现状“这里不对、那里不好”或分析一下“为什么做得不好”并不难，但是针对这个现状提出“究竟该怎么做”“总体来说，该建立什么系统或模型才能解决问题”的方案，却并不是那么简单。

无论在学界或者商界，作为一个研究者或者管理者，既需要能够掌握现状、了解问题的症结所在，还要能知道如何改进的方向并具有设计全新架构的能力。

对管理顾问来说，假设建构或设计新提案这种属于“向上发展”的能力是不可或缺的，但对这一点还是有很多人并不了解。

■ 误解4：以为“公司喜欢录用模范生”

很多人都以为“麦肯锡需要的是什么都会的全才”，这也是一种误解。社会普遍重视的是各方面水准都在平均水平以上的人才，这些所谓的“模范生”就是数学、语文、英语、社会学、理化……都非常厉害的人，或者是数字处理能力、沟通能力、观察力、写作能力……都有一定水平的全方位人才。

其实在麦肯锡，我们认为即使一个人各方面能力不平衡也不是问题，只要在某一方面的能力特别优秀，就能得到公司高度的肯定。我们将这种人称为“偏向型人才”，无论在面试时或者进入公司之后，我们都会从“他（她）偏向哪一方面才能”的角度来评估（参见图/表2）。

图/表2 偏向型人才

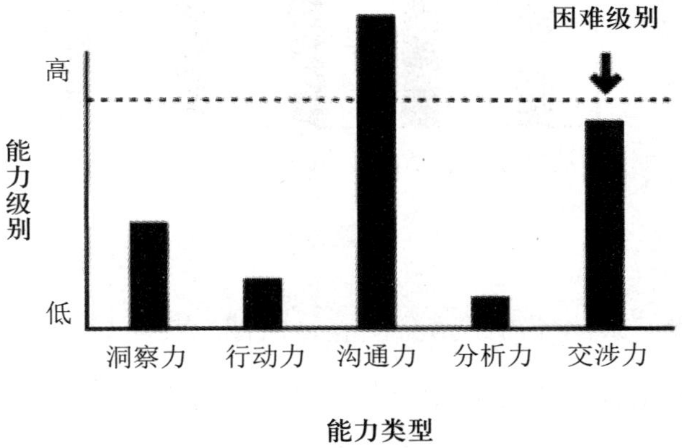

当面临困境，需要发挥领导能力的时候，偏向型比全能型的人更能发挥作用。因为在这种困难的条件下，大家的目光都会集中到组织领导者的身上，都在看他究竟要凭什么本事来突破眼前的难关。这时候，拥有自己专属的制胜独门武器或绝招，往往就能顺利渡过难关。

而各方面能力都很强的全能型的人、什么都难不倒的“模范生”型人才，却往往并不具备克服某种程度以上难题的能力（参见图/表3）。

图/表3　模范生型人才

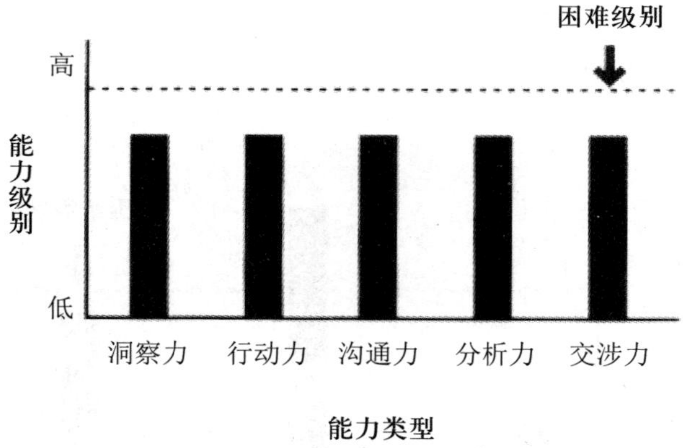

现在我们来比较一下两张图表，从图/表2可以清楚看出，偏向型人才具有很强的“沟通能力”，“交涉能力”也不弱。对偏向型人才而言，无论处于多么艰难的困境，只要拥有“发挥这项能力必定能克服”的特色，就有胜算。

如果让偏向型人才一个人单打独斗，不一定能够克服困难，收到良好的成效，因为他相对缺乏许多方面的能力；但如果是团队合作，团队中的其他成员就可以弥补他的不足之处。作为经营者，只要具有绝对高人一等的某方面的强项，对于自己不擅长的方面，聘请具有这方面能力的优秀员工来负责即可。

不过社会大众对偏向型人才的评价并不高，因为人们往往认为这种人的能力不够平衡，可能会成为组织中的问题制造者，给其他人造成困扰。

关于这一点，只有学术界能给这样的人才以正面的肯定。对于一名研究者来说，他必须具备偏执的精神和深度钻研某个极狭窄领域的能力，而非广泛涉猎、全面开花，接受一般水准的知识或技术。能在专业领域中获得优秀研究成果的人，多半属于擅长某个特定领域的偏向型人才，而不是“五育”均衡发展的“模范生”。

事实上，无论是麦肯锡的哪间分公司，都积极寻求和录用具有博士学位，或曾经从事研究的人才，因为他们不但具备假设建构能力，许多人还是偏向型人才。

因此，“麦肯锡需要的人才”，并不是“什么都会的优秀人才”。我们录用的可能是能力很极端，而且很不平衡的人。

■ 误解5：以为“公司需要优秀的日本人”

包括麦肯锡在内的跨国专业事务所，在全球各地的分公司所采用的都是统一的人才录取标准和人事管理制度。这些跨国公司有一个共同的问题，就是使用全球统一的标准招聘人才时，很难在日本招聘到合格人才。

当然，我们说的是全球标准，并不是说全球完全统一。例如，在德国有许多人拥有博士学位，但是在美国，学生习惯在大学一毕业先去工作几年再读MBA，MBA毕业后再接着找正式工作。即使同是发达国家，也有不同的雇用习惯或教育制度，所以用人标准不可能完全一致。不过录用人才所要求的资质与水准则是相同的，因为进入公司后要接受的是全球统一的考核系统，接受的培训也是一样的，不同国家的人还常常会组成一个团队，如果彼此之间程度落差太大，将来就无法共事合作。因此，我们的录用标准在大的方向上是全球统一的。

以麦肯锡来说，大致可分为以下三项条件：

1. 具有领导力；

2. 天资聪颖；

3. 会说英语。

其中本地的“优秀人才”一般只具备第二项条件，至于其他一两项条件欠缺的程度，简直到了令人绝望的地步。设立在先进国家的分公司，还会加上一条“必须会说当地语言”，因此麦肯锡日本分公司的录用标准有以下四项条件，但是要找到完全符合这些条件的本国人才实在是难上加难：

1. 具有领导力；

2. 天资聪颖；

3. 会说英语；

4. 会说日语。

相反，来自中国或其他国家的留学生，符合上述这些条件的人反而不少。他们在本人所在国家的高中或名牌大学读书时原本就很优秀，通过激烈竞争后，获得留学机会或奖学金来到日本攻读学位。许多留学生也会在毕业前与日本人一起展开求职活动，也会有一些人报考麦肯锡。

事实上，我发现有个很令人担忧的趋势（也许有人口规模的差异），就是符合上述这四个条件的人数，中国人似乎多于日本人。在日本学生之中，很少有人“既具有领导力、头脑聪明，又会说英语和日语”，但中国留学生中却有不少这样的人才，而且他们还会说自己的母语——中文。

“麦肯锡日本分公司需要的是头脑好又会英文的日本人。”——这纯粹是个误解。

作为日本人，我当然希望日本人有能力争上游，也很想更多地录用"优秀的日本人"。但是只从麦肯锡这种跨国公司的人才录用标准来看，国籍是没有任何意义的。他们要录用的不是"优秀的日本人才"，他们只考虑谁是"优秀的人才"。

如果日本人无法提高英语水平，即是说，如果日本社会仍然不认为培养这样的人才是很重要的话，那么不仅仅是麦肯锡，如果将来有一天，所有在日本的外资企业分公司都只会雇用既懂日语又会英语的亚洲其他国家的人，也是不足为奇的事。

无论是投资银行或IT企业，目前许多欧美的跨国公司都是亚洲籍（日本以外）经理人来负责日本市场。在这两类行业里，数学水平和专业方面的能力比语言显得更重要，因此从很早以前就有这种倾向了，但现在却连以熟悉当地语言和理解当地组织文化为主的管理顾问行业也开始出现这种趋势了。

我深切地希望日本的顶尖大学除了培养能获得诺贝尔奖的高精尖人才之外，也能致力于培育未来日本制造业急需的经营者，以及引领全球商业走向的国际化领袖人才。如果你要想成为这样的人才，就必须在广阔的社会大舞台上积累丰富实践经验，提高英语水平，提升领导力，当然还必须具备渊博的知识与技术素养。这样的人才如果无法靠我们的大学来培养，那么究竟应该指望谁呢？

许多人也许对"英语水平差"有基本的危机意识，但比较严重的问题是，却没有人感觉到"缺乏领导力"也是一个不容忽视的问题。对于提高英语水平，虽然开始行动有点晚，但至少社会各界对于是否应该将英语纳入小学课程展开了诸多有益的讨论，也有一些企业已经将英语作为官方语言，甚至还有不少公司设立了奖励员工进修英语的奖励金。

但是否有人听说过关于“领导力该从小学还是中学开始纳入课程”的讨论？举行领导力培训研修的企业又有多少？请读者朋友将中学毕业后上过的英文课程课时数和参加过的领导力培训的课时数对比一下，一看就知道谁轻谁重了。

外资企业会在其全球各地分公司中采用统一的人才录用标准，而在日本之所以很难招聘到适合其要求的人才，除了英语水平不够好之外，更严重的一个问题是，大家都不觉得领导力很重要而忽视了对领导力的培养。对麦肯锡来说，要寻求的人才正是具有很强领导力潜质的人！

/专栏/

东京大学法律系和经济系学生的差异

对未来从事什么样的工作的想法，东大（东京大学）法律系和经济系学生，最近开始出现很大的差异性。

许多法律系的学生希望毕业后能成为政府官员，或者报考法律研究所（生），最终进入司法界。要想实现这些就业目的，这些学生就必须埋头苦读考到律师执照。所以，他们一旦确立了这样的志向，就不关心外界的其他事情，对外面的世界几乎不了解。

甚至有一些学生从进入大学的那刻起——应该说还在读高中的时候，就立志将来要成为公务员、律师或法官。他们一进大学就集中所有精力准备考试，完全脱离现实社会。

但经济系学生却不同，他们对大部分具有法学背景的官僚体制抱持怀疑态度，同时也开始质疑在一些大型金融机构或大企业工作所累积的资历能有多少价值。因此经济系的许多学生会去外资公司或IT企业等公司实习。

在这些企业里，他们看到的是真正的社会现实，随之心态也会发生急剧的变化。市场需要什么样的人才，商业活动如何运作，世界各国之间有什么关联，自己在哪些方面欠缺而需要加强……他们会在实习期间了解到这些问题，也会开始思考这些问题。当他们与那些“活跃在日本的亚洲籍主管”接触时，便会惊讶地发现原来在日本顶尖大学里学习的自己，与这些企业的要求竟然有如此之大的差距，接下来必须学习的东西又是多么艰深。这样的危机意识正是他们逐渐成长所需要的养分。

众所周知，在日本法律系学生的录取分数是很高的，但是当这些学生毕业开始求职时，从外资企业招聘主管的角度来看，他们却是已远远落后于经济系学生的（我是指整体趋势，其中肯定有许多例外）。

这两个科系的学生，在入学时原本都是非常优秀的，然而过了几年到他们毕业时，两耳不闻窗外事，一心只读圣贤书，整天窝在学校埋头学习的法律系学生，与提前进入社会开始接触社会现实的经济系学生之间，竟然会产生如此大的差异，这的确是值得大家深思和探究的，也是很令人意外的一件事。

第二章

我们要的是未来的领导人才

■ 不可或缺的领导能力

用一句话来概括麦肯锡想要的人才，那就是“将来，能够作为全球化的领导人才发挥能力的人”。现在官网上的招聘信息里，也将Global leader（全球化领导者）作为关键词。或许认为“对管理顾问来说最重要的是解决问题能力”的人会对此感到有些意外，但实际上领导能力才是管理顾问最重要的技能。

在当今时代，没有任何一家企业会为了一张写着“这就是正确答案”的提案书支付巨额报酬。要想真正提高顾客企业的自身价值，就必须从分析解决方案的阶段融入对方的组织之中，获得现场工作人员的信赖，最终的提案内容，也必须在对各个部门进行调整的同时，使其落实成为该组织的例行公事。不管在任何领域，要想改变现有的方案，都必须拥有强大的领导能力。要想解决现实中存在的问题，需要的不是解决问题的能力，而是领导能力。

请想象一下，假如你的邻居将大量垃圾堆在家门外，你应该如何解决这个问题？首先准备纸和笔，然后在上面写出解决方案？但是，就算你写出了一个完美的解决方案，却没有取得任何实质性的进展。要想解决问题，必须将这些停留在文字阶段的解决方案，逐一转变为行动。这时就需要领导能力。

在任何情况下，如果要想改变涉及他人的现状，就必须用到领导能力。在这个世界上，有许多“大家都知道应该怎么办，然而却没有人真正去做，结果就这样迟迟无法解决的问题”。相反，“只要知道解决办法马上就能够解决，然而却迟迟找不到解决办法”的技术性问题，只是人员和组织之间不协调的问题而已。要想改变自己的言行只需要自己做出改变即可，而要想改变其他人的言行，则需要优秀的领导能力。

近来，学校里的“凌辱”事件已经成为很大的社会问题，要想解决这一问题，就需要在校园里具有强大的领导能力。不管是老师、学生还是听说此事的家长，如果没有强大的领导能力，就无法解决这一问题。在这种时候就算提出MECE之类的逻辑树，也没有任何作用。

如果在某个特定的领域中具有强烈的问题意识，人类就会开始认真地思考应该如何解决这个问题。现在人们对解决问题的能力具有如此高的关注度，可以说就是因为很多人都具有上述的观点。

但我们需要理解的是，在解决问题的过程中，最重要的与其说是解决问题的能力，不如说是领导能力。如果是小学生解答算数问题，只要看懂问题然后将答案写下来就可以了，这只需要解决问题的能力。然而大人所面对的问题，可不是“教科书上的数学题”那么简单。

麦肯锡在使用解决问题的能力（Problem Solving Skills）这

个词的时候，也频繁使用“解决问题的领导能力（Problem Solving Leadership）”这个词。正如大家所知道的，所谓解决问题的能力，就是利用MECE、逻辑思维、假设思考、框架等思考技巧对问题进行整理、分析，找出解决问题的办法。而解决问题的领导能力，就是在对有待解决的问题的定义、分析的设计、相关组织和个人的交流等一系列问题的解决过程中，发挥领导能力。

这与项目经理不同。项目经理的概念，包括对工作流程进行管理、对预算和人才资源进行管理、对工作进度进行管理等，以管理业务为最重要的要素。但解决问题的领导能力，并不是使工作流程顺利进行的能力，而是以提高结果质量为目的的能力。

为了达成这个目标，领导者除了提高思考的深度而改变视角，为了激发大家的灵感还要从意料之外的角度提出问题甚至偶尔提出反对意见，以测试成员的意志力和理论素养。为了排除职位等级制度，激发成员的自由讨论意识，带领员工走出办公室到郊外开几天讨论会。为解决问题设定必要的环境，也是领导力其中的重要一环。

对于新任职的管理顾问来说，除了要掌握个别的解决问题的能力之外，还需要尽快掌握解决问题的领导能力。

本来在管理顾问的工作模式中，就不是独自一人解决问题，而是以小组的形式进行的。小组成员可能全部是公司内部的管理顾问构成，也可能包括客户企业的成员。不管是哪一种情况，如果没有一个能够发挥解决问题的领导能力的人，这个小组都无法顺利地完成解决问题的工作。麦肯锡之所以要选用“将来能够成为领导的人”，其中最重要的原因，就是在解决问题的过程中，领导能力是非常重要的。

“解决问题的能力”这个词，在全世界范围内被广泛地应用。但“解决问题的领导能力”这个词，除了管理顾问业界之外几乎很少出现。实际上，解决问题必不可少的，除了技术之外更重要的是领导能力，而这一点大家还没有充分地认识到。

■ 人人都要有领导能力

以麦肯锡为首的绝大多数外资系企业，都要求员工具有相当高的领导能力。在美国，大学生和研究生的入学考试，也非常看重学生在过去的领导经历。

但在日本，被问及领导能力的情况非常少见，甚至有三十岁的员工表示“到目前为止，从来没被人问到过领导能力”。由此可见，大家对这个概念本身都不太理解。

很多日本人都认为，“领导，在一个组织中有一两个人就足够了”。至于其他的人不要有太强的主见，只要按照领导的指示认真地完成自己的工作，组织整体就会取得良好的成果。还有的人认为，如果领导太多，就会出现“船长多、航向错”的情况。

所以这些人会感到非常不可思议，“明明一个组织里有一小部分人做领导就好了，为什么外资企业和欧美的大学，在录用面试和入学考试时，要求所有人都具有领导能力呢？”出于同样的困惑，他们还会提出“如果一个组织中所有成员都拥有极强的领导能力，那这个组织还能够作为一个整体顺利地工作吗”这样的问题。

针对这个问题我的回答非常简单。全员都具有极强领导能力的组织，比只有一部分人具有领导能力的组织，更容易取得优异的成果。所以在欧美，不管学校还是企业，都要求所有人拥有领导经验。因此，麦肯锡将领导能力作为一个重要的录用标准，也是出于这个原因。

“船长多、航向错”之中的船长，和真正意义上的领导是意义不同的。这里的船长，只是“坚持执行自己意见的人”，如果团队里都是这样固执己见的人，确实很难做出什么成果。

船的目的是出海打鱼，也就是说要抵达目的地。如果这条船上的所有人都拥有领导能力，那么就算有人提出各种各样的意见，他们都能够进行“为了达成目的，哪个意见最有用”的判断，从而进行取舍。拥有领导能力的人，与“自己的意见”相比，会优先采用“能够达成目的”的意见。如果所有人都拥有领导能力，那么这条船一定会航向正确的方向。

所以说那句俗语里的船长，根本不是领导，只是一个固执己见的人。这句俗语想要表达的意思是“如果一个组织里固执己见的人太多，那么这个组织就无法取得成果”。

真正意义上的领导，是“为了达成团队的使命，只做必要之事的人”。项目经理如果发现年轻成员的意见比自己的意见更加正确，他会立刻放弃自己的意见，并且将那位年轻人的意见作为整个团队的结论加以采用，这才是真正的领导。

更进一步讲，如果有其他成员对“采用年轻人的意见”表示不满，而领导最终使其接受下来，这就是领导能力的体现。从这个角度来看，一个团队中有多名领导绝对不是坏事。甚至如果团队全员都拥有领导的自觉，那么与“一个领导，其他人都是追随者”的团队相比，肯定会取得更加优异的成果。

只有一个领导的团队，其他的追随者很容易出现以下两种情况：一个是“紧紧跟随在领导身后”，另一个是“领导团队整体不是我的责任，我只要作为单独的个体发挥出更高的价值即可”。

紧紧跟随领导的成员，每当遇到问题时都会听从领导的判断，也就是“等待指示”的人。当多名这样的成员都出现问题时，唯一的领导需要逐一对他们做出指示和建议，这需要花费太多的时间。但如果全员都拥有作为领导的自觉，那么当出现问题的时候，各个成员自己就会进行判断并且加以解决。

另外，认为“自己不是领导，作为成员只要发挥出自己的价值取得相应的成果就好，至于将工作成果综合到一起（不是自己的工作）是领导的责任”的成员所组成的团队，与所有成员都认为“自己也是这个团队的领导。除了要做好自己的工作之外，综合团队整体的意见，提高团队整体的凝聚力也是我的责任”的团队相比，显然后者的生产效率更高（参考图/表4）。

图/表4 只有一个领导的团队与全员都是领导的团队之间的区别

一个领导与多个追随者组成的团队

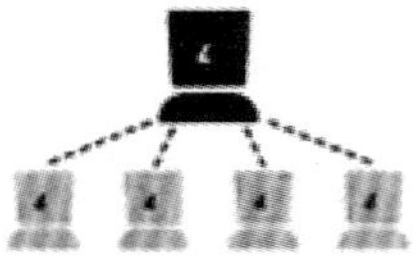

项目经理对各个成员的能力和愿望进行考量，然后分配工作。

↓

项目经理主持会议，大家进行讨论。

↓

项目经理进行总结，成员按照领导的指示调整自己的想法。

↓

意见统一后，项目经理让之前持反对意见的人接受，还要注意保证成员的工作积极性。

全员都具有领导意识的团队

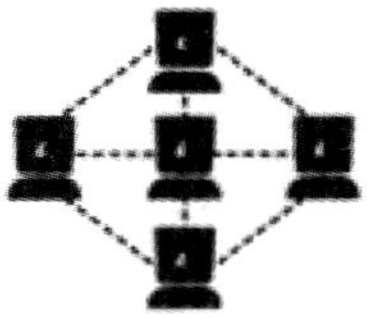

全体成员都理解团队整体的业务量和内容，商讨应该如何分担工作，决定各自的工作。

↓

各个成员在必要的情况下对工作的进行方法提出意见，进行讨论。

↓

全员在“自己是统一意见的领导”的意识下对讨论进行总结。

↓

意见统一后，全员立刻开始进行工作。

当然，将团队内各种各样的意见提取出来并加以总结，是领导最重要的工作。但如果全员都拥有领导能力，那么就连这项工作都可以由全员来分担。只要在这样的团队中工作几次，任何人都能够深刻地认识到，全员都发挥领导能力对提高团队的生产效率有多么大的帮助。在这样的团队中，领导不会遭到孤立，也不会一个人为了解决各种各样的问题而疲于奔命。

在麦肯锡的团队中，有项目经理和责任合伙人。但这只不过是团队管理上的职位而已。经理负责每天团队的顺利运转，责任合伙人最终对客户企业负全部责任。但这并不意味着其他的成员必须作为追随者，完全按照他们的指示进行工作。

说一个我做管理顾问时的事吧。在一个包括国外合伙人在内有多名合伙人参与的项目中，我为了尽可能地尊重他们的指示和建议（作为最终给顾客的建议）而费尽心机。但实际上，我的这种态度对团队整体来说并没有好处。

每天我都工作到深夜，忽然有一天，一位合伙人对我说："你该不会是打算把我们这些合伙人提出的意见全都试着做一遍吧？"一开始我没理解他说这话是什么意思。我这么努力地听取他们的意见，难道是我做错了吗？对如此认真的我说出这样的话，实在是让人气愤。我不由得凝视着他的脸。

但他说得一点没错。我应该做的，是发挥自己的领导能力，判断他们所提出的意见和建议哪些应该采用、哪些不应该采用。当然对于不予采用的意见，他们肯定会问"为什么没有采用那个意见”。但只要我能够给出合理的回答，就可以了。我应该做的，就是“自己做出决定，承担这一决定可能带来的风险，并且向大家说明做出决定的理由”，而不是完全按照上司的指示工作。

同样的情况也发生在经理和作为成员的管理顾问之间。经理会做出各种各样的指示，而管理顾问是否采纳这些意见，需要自己做出判断。

麦肯锡的员工，以“全员都能够发挥领导能力解决问题”为前提，所以能够毫无顾忌对他人传达自己的意见。合伙人也知道经理和管理顾问不会完全按照自己的意见行动，所以他们才能够自由地提出自己的想法。

如果部下完全按照自己的意见行动，那么作为领导就会时刻考虑自己的影响力，变得不敢随意发言。大企业的主管更容易出现这样的情况，“开会时如果自己先提出了意见，大家一下子都变得沉默起来，完全无法进行讨论，更没人敢提出反对意见，结果自己的意见就成了会议的最终意见”。

但在麦肯锡就完全不会出现这样的情况。不管多么强势的合伙人提出的意见，其他成员也不会将其当作上司的指示唯命是从。他们会通过自己的思考，来决定是否应该尊重这个意见。因此，上司也可以自由地提出自己的观点。正因为全员都拥有领导能力，大家才能够摆脱等级制度的限制畅所欲言。

此外，即便最终成为正式领导的人只有一个，但组织成员都具有丰富多彩的领导经历是非常重要的。缺乏领导体验的人，即便作为成员也是缺乏经验和生产效率的，会成为组建高效团队的障碍。

拘泥于对整体的方向性没有影响的细节，总是提出一些不现实的理论。出现麻烦的问题时突然表现得漠不关心，工作时总是心不在焉……会出现这些问题的，都是没有经历过领导的辛苦的人。

墨守成规不懂变通，会说出“在详细的计划完成之前，不想开始任何新计划”“不允许出现任何妥协”“只要没有明文规定，任何事都不能做”这些话的人也是一样。无法理解组织运转产生成果究竟有多么困难，对此没有切实体验的人，也会影响团队的生产效率。

换言之，只有不断积累领导经验，才能够成为一个“可以取得优异成果的团队成员”。当然，如果没有实际的领导经验，就无法掌握领导能力。发生问题时应该如何应对，要想增加凝聚力应该如何交流沟通，作为领导要承担怎样的压力。只有通过亲身体验理解了这些内容的人才能够组建团队，解决问题。这也是以麦肯锡为首的欧美企业以及欧美的大学，在面试时要求所有人都有领导经验的原因。

■ “录用未来领袖”的策略

管理顾问退休后可以在许多领域作为领导继续发挥他们的才能，麦肯锡充分地认识到这一点的优势，因此在招聘时专门寻找“将来会成为领导的人”。

在入职的管理顾问中，最后成为合伙人留在公司几十年的人所占的比例并不高。绝大多数的人，在麦肯锡工作几年或者十几年之后都会毕业。在工作中作为领导积累了丰富经验的他们，毕业后也会在社会的诸多领域发挥他们的领导才能，这对麦肯锡来说具有很大的意义。

在欧美，麦肯锡的毕业生大多会成为企业的经营管理型人才。除了大企业的经营者之外，还会作为风险投资和天使投资人，帮助创业的企业尽快成长。当然也有自己进行创业的，还有在NPO和国际机构工作的人。

不管这些毕业生接下来在什么地方工作，最重要的一点在于，他们在这些领域都是领导。这样一来人们对麦肯锡的评价就会变得很高，那些有才华的年轻人也更愿意去麦肯锡工作，另外，这些毕业生所领导的组织，有时也会直接变成麦肯锡的客户。有时为了收集项目情报，想要咨询一些专家的意见时，绝大多数毕业生都会很痛快地接受访问。

麦肯锡之所以要将“具有优秀才能的人培养成全球化的领导人才”，既不是为了成为教育机构，也不是为了给社会做贡献，只是作为一个以盈利为目的的企业，认为这样做是具有极高价值的重要战略而已。

最近，日本也出现了很多从麦肯锡毕业后成为企业或NPO领导的人。成立了手游公司DeNA的南场智子女士，成立了食品•食材在线销售企业Oisix的高岛宏平氏，在NPO领导Table for two的小暮真久先生，站在医生的角度直面日本老年化问题的武藤真祐先生，等等，许多毕业生在丰富多彩的领域发挥着他们的领导能力。

实际上，麦肯锡日本分公司，不管在过去还是现在，都不是大规模的组织。自1971年成立以来，到现在只有四十余年的历史，规模最大时也只拥有200～300名管理顾问。被称为领导人才辈出的Recruit（日本人力银行）公司有6 000名以上员工，就连Goldman Sachs的日本分公司都有大约1 000名员工。在IT业界领导人才辈出的日本IBM的员工数在10 000人以上。

一方面，到目前为止曾经在麦肯锡日本分公司任职过的管理顾问的总数，只有几百人。最近频繁被媒体报道的这些麦肯锡出身的领导人物，都是从这人数极少的分母之中出现的。

■ 筛选标准？录取标准？

在本章的最后，为大家解释一下，为什么麦肯锡看上去好像没有选择领导能力和潜在能力强的人，而选择天资聪颖的人。这也是对“虽然麦肯锡说是看重领导能力，不重视天资聪颖，但在录用时却还是重视名校的毕业生。这不还是要天资聪颖的人吗，还是在重视学历吗？”这一问题做出回答。

当然，管理顾问必须拥有一定的学习能力，而能够证明一个人学习能力的最有效的信息，在日本只有看毕业的大学。

在美国，普遍以大学（研究生）入学时接受的统一考试（SAT或者GMAT、LSAT等等）的分数和大学中的成绩（GPA）作为学习能力的指标。中国除了毕业大学之外，还有GPA和TOEFL的分数对学习能力和英语能力进行判断。如果日本也有中心测试的各科分数和GPA、研究生入学统一考试的话，就可以作为评判学习能力的基准来使用，那么日本的企业就可以不只凭借毕业大学来进行判断了。

另外在美国，对个人简历进行审查时，一定会确认这个人是否曾经有过发挥领导能力的实际经历。但日本普遍没有理解领导能力这个概念及其重要性，所以根据个人简历上的记载，难以判断应聘者是否具有领导能力。

如果是经济学专业的学生，还可以凭借自己参加过的诸多活动，强调自己“积累了这么多的领导经验”，而专注于研究的理科研究生，根本没有这样做的时间。尽管在对后辈进行指导和参加学会活动中，他们的领导经验也不少，但绝大多数情况下就连他们自己都没意识到这是领导能力，所以在个人简历上也不会加以强调。

正因为在日本很难以领导能力为基准对个人简历进行审查，所以才会给人留下以毕业院校的知名度来进行筛选的印象。

当然在名校之外，也有不仅基础的学习能力很强，还拥有卓越的领导能力以及优秀才能和个性的人才。每个企业都清楚这一点，我们也在不遗余力地找出这样的人才，虽然无法详细描述，但我们已经开始进行了各种各样的尝试。

对普遍的录用基准的理解应该是“筛选基准与录用基准是不同的”。任何企业，首先都要将应聘者数量筛选到一个能够进行面试的人数，然后再通过面试判断是否录用。热门企业在最初这个步骤中需要排除的人数非常多，所以需要选择一个系统上便于区分的要素作为筛选的基准。而这时候所使用的基准，不一定是录用基准中最重要的。

尽管现在毕业院校的名称经常被用作筛选基准，但这并不意味着大多数企业都以此作为录用基准。相反，领导能力和潜在能力是重要的录用基准，但作为筛选基准却并不合适，所以录用基准重视的要素，很难从外部发现。

但将来随着SNS的普及和大数据的分析，或许会出现能够通过网络对应聘者的领导能力进行审查的情况。这样的话，领导能力或许就会成为与现在的学历相同甚至更重要的审查要素。

/专栏/

在保守企业中变得“很乖”的人

关于外资管理顾问企业的招聘，经常有人问我“是应该毕业后立刻去应聘，还是应该先进入日本企业积累工作经验，留学后跳槽呢？”。

确实绝大多数日本的大企业，会招聘很多应届毕业生，跳槽（但最近与之前相比数量也有所增加）并不是主要的应聘方法。而外资企业则比较倾向于招聘跳槽的员工。但仅凭这一点就认为“外资企业通过跳槽更容易进入”是不恰当的。面试官在面试应聘者的时候，经常会出现“如果这个人在毕业的时候来应聘的话可能会录用，但现在跳槽过来则难以录用”的情况。

有一个特别严重的问题，那就是在学生时代能够进行自由和大胆思考的人，在进入保守的大企业接受最初的职业训练之后，因为拘泥于工作的效率和成果，结果失去了站在平等角度提出主见的态度以及灵活的从零开始思考的能力。

进入社会后接受最初训练的场所对一个人的影响非常大，当养成一定的行为模式之后，再想矫正是非常困难的。而且只了解一个企业的人没有问题意识，在面试时甚至认识不到自己看上去并不是“优秀的社会人”，只是“非常保守的组织的成员”而已。

比如日本的大企业培养出来的人，都非常遵守礼仪。冬天的时候，有在进门之前就会脱掉外套，一直站在面试房间门外等待面试官出现的应聘者。在交换名片的时候，总是会毕恭毕敬地将自己的名片放低，在对方的名片下方交换过去。

然而这些“对上司毕恭毕敬”的人，往往“对上司的意见不能反驳只能服从”“发言之前要考虑自己的立场”，所以他们在非常有礼仪的同时也失去了平等讨论的立场。

这样的人在面试中进行讨论时，无法否定面试官的意见，无法做出令对方满意的回答，他们自然也就不适合从事需要排除等级观念，进行自由讨论的工作。

另外在大企业之中，因为黑字部门的盈利会被用来维持赤字部门的运作，因此有些员工可能一直都在赤字部门中工作。如果这些人养成了“产生利益=削减成本”这种夕阳产业的常识，那么就很难在急速成长的事业领域或者新兴国家的商业拓展中担任领导。有些在公务员组织中成长起来的人，面对没有先例的情况和法律禁止的情况，就会完全停止思考，提不出任何有帮助的建议。

不过麦肯锡之中也有很多从保守的大企业中跳槽过来的员工。但这些人要么是在盈利状况极佳的事业部门工作，要么是直属上司能够排除等级制度拥有极佳的领导能力，可以说都是非常幸运的人。从我个人来说，由于刚入职不久便赶上证券业界的大泡沫时期，就连职场新人也经常有机会接触到大规模的工作，这也成为成长的源泉。

但一般情况下，在绝大多数的组织中，新人都要服从分配，不管是否具有实力都要从最基层的工作干起，所以成长的可能性与效率是完全看运气的。

“明明是一个非常优秀的学生，但现在却无法录用”，遇到这样的应聘者非常令人痛心。即将走上社会的年轻人，一定要珍惜自己刚刚走进社会的这几年的时间，建立起作为一个合格的社会人应有的常识。

第三章

混淆的领导能力

■ 成果主义与领导能力

欧美与日本对领导能力这一概念在理解上的差异，可以说非常大。欧美的企业和大学，将领导能力看作是员工和学生所应该具备的最重要的资质之一。而日本却将领导能力看作是一种负面的表现，甚至认为这样的人是“固执己见的人”“只会下命令，自己从不动手的人”。之所以会出现这种区别，是因为日本在文化上就与领导能力这一概念不相符。

领导能力这一概念在日本之所以不被理解，是因为在日本的社会中，尤其是商业现场，“总是不以成果为最优先考虑的对象”。实际上在思考领导能力的时候，必须同时思考的概念就是“成果主义”。所谓成果主义，就是“不问努力和过程，只问结果”的思考方法，只有在以“成果主义”为原则的环境下，才需要领导能力。

比如说，社区计划在节日庆典时摆个摊位。而摊位卖什么，需要征求社区成员的意见。在这种情况下，以“尽可能多地获取收益，然后捐给受灾地区”的成果为目标，和没有特定的成果目标只求“节日时玩得开心快乐”相比，社区的运营方针有很大的不同。

如果大家都以尽可能多地获取收益为目标，那么就会提出各种各样的方案，按照“每一种商品能够得到多少收入、需要多少成本”之类的基准进行比较和分析。所有的方案都要依照可能取得的成果来评价和讨论。

另一方面，如果没有这个成果目标，那么卖什么商品就可以单纯地由多数意见决定。认为什么好玩因人而异。如果5个人里有4个人都认为卖炒面比较好，那么剩下一个人就算有不同意见，也会说“既然大家都想卖炒面，那就卖炒面吧”。

在这种情况下，可能出现最后一个人坚持自己的意见“我想卖乌冬面”，但最终还是要少数服从多数的情况；也可能出现拥有少数意见的人很识相地不提出自己的意见，结果既没有讨论也没有表决，直接决定卖炒面的情况。总之不管哪一种情况，都不需要领导能力。

但如果以“收益最大化”作为成果目标，那就算超过半数的人想要卖炒面，拥有不同意见的成员也会提出“卖炒面的收益是最高的吗？卖乌冬面会不会收益更高？应该将销售额和成本进行比较之后再做决定”。因为其他人也拥有相同的成果目标，所以知道少数派的意见也有必要进行比较和分析。

这样一来，就需要对比较方法进行讨论，“那就详细估算一下销售额与成本进行比较吧”“因为成本费用不同，销售额需要建立数字样本来进行比较”，或者制订工作计划和进行分工，“估算什么时候出结果”“谁去调查一下其他社区都要卖什么商品”。

这样的讨论会在一定的时间内结束，并且决定社区的最终方案，为了让包括持有不同意见的成员在内的全体成员都能够团结一致地按照最终方案来展开工作，这里就需要领导能力了。如果只是想要“玩得开心快乐”，那么只需要统筹和调整的工作，而要想取得成果，领导能力就是必不可少的。

■ 除了和谐，还是和谐

在日本的商业现场，有时候组织的和谐甚至比成果更加重要。特别是在大组织之中，甚至有“绝对不能对其他部门的方针提出意见”的潜规则。很多人认为，就算失败也是那个部门的人自己负责，外人不能指手画脚。

但实际上，就算身处不同的部门，提高企业整体的销售额和利润最大化这一成果目标，应该是全体员工共有的。大家都拥有这同一个目标，并且以实现这一目标为最优先的考量，那么当认为其他部门的判断存在问题的时候，就应该主动地提出来。

但在绝大多数情况下，很多人都认为“这样做会引起摩擦”，不愿意对其他部门的决定（即便暗地里充满了不满和不安）表面上提出反对意见。当然，也有“不识相”的人总是对其他部门的问题提出自己的看法。

对其他部门的问题保持沉默的人属于多一事不如少一事的类型，只有后者才是能够发挥领导能力的人。后者之所以对其他部门的问题提出自己的看法，既不是爱出风头管闲事，也不是不识相。唯一的原因就是他们知道“为了实现让这个企业的利益最大化的成果，就算没有人命令，也有责任和义务做自己应该做的事”。但日本的组织中，这样的人往往被看作是“破坏组织和谐的人”，结果遭到整个组织的疏远。

对其他部门的判断不做评论的人，认为组织的和谐与组织的秩序比商业上的利益最大化这一成果目标更加重要。在这样的职场中，不需要领导。大家都会很识相地选择“其他部门的事情交给其他部门负责”，从而停止思考。就算发现了问题也装作没有看见，一旦要发生冲突，大家都各让一步避免冲突的发生。

对其他部门的决定提出“为什么做出这样的决定”“没有其他的选择了吗”“其他的方案是否能够提高收益”之类的讨论，并且希望以此来提高成果，需要拥有非常优秀的领导能力。如果没有领导能力却对其他部门说出这样的话，那就只是干涉其他部门的正常运作。这只会引起感情上的对立，无法实现提高成果的目的。

只有以提高成果为团队目标时，才需要领导能力。而日本正因为很少出现严格要求成果的情况，所以领导能力自然得不到应有的重视。如果不管成果是否达成都无所谓，那么谁都不愿对其他部门的意见提出反对，引起不必要的摩擦吧。

这里所说的成果目标与领导能力之间的关系，不仅限于盈利性企业所追求的成果。即便在日本，团队体育运动中领导的言行也颇受瞩目。这是因为在竞技体育中，“胜利”这一成果目标非常明确，也是团队全员达成共识的。

另外，发生灾害时“尽可能拯救更多的生命”也是成果目标，虽然有违和平精神，但“取得战争的胜利”也是成果目标。在外交场合，“让本国的主张得到国际社会认同”，以及在会计基准的统一中“将日本的情况通过国际标准反映出来”都是非常重要的成果目标。像这些明确的目标，实现的难度越高，所需要的领导能力也就越强。

在日本，即便是应该实现成果目标的情况，也因为这一目标不够明确，导致大家都以“和谐”为先，谁都不发挥领导能力。

比如因为人口老龄化而日益严重的医疗保险（健康保险）的收支改善问题，日本也采取了提高“后发药品”使用比例的办法。新开发的高效药品，最初开发的制药公司可以在专利期内以高价进行销售。但专利期结束后，其他制药公司也可以制造和销售同样成分的廉价药品。这种“虽然成分相同，但在专利期结束后生产的廉价药品”被称为“后发药品”，日本希望通过提高医疗现场“后发药品”的使用比例，实现降低医药费以及医疗费的目的，从而解决老龄化所引起的医疗费用增加的问题。

到2012年3月为止，要想使用“后发药品”，医生在开药时必须写一份“可以使用‘后发药品’”的处方，但对医生来说主动告知患者使用“后发药品”没有任何好处。普及这一举措只能惠及到支付药费的患者本人以及负担健康保险财政问题的公共机构。而对患者来说，要在处方的问题上对医生提出意见非常难。

那么公共机关又如何呢？市政府在预防接种和健康检查等许多方面都要与医生工会合作，但他们为了保持与医生工会之间的关系，不会强迫医生“积极开具使用‘后发药品’的处方”。尽管市政府方面也知道提高使用“后发药品”的比例能够改善健康保险的财政问题，但他们就是不愿意说出这句话。他们想的是“省级政府一定要对医生工会提出多使用‘后发药品’的建议”。

但省级政府的情况也是一样。他们也不愿意破坏自己与省级医生工会之间的关系。于是他们就想“国家一定要对医生工会提出多使用‘后发药品’的建议”。而执政党和国会议员还是一样，他们害怕在选举的时候得不到医生工会的支持，所以心里想的是“国家无法说，希望国民可以提出建议，用社会舆论来制造压力”。

但对国民来说，改善医疗保险的收支问题并不是成果目标，所以根本不可能引发这样的社会舆论。在这个问题上就出现了谁都没有站出来发挥领导能力的情况（2012年4月，关于使用“后发药品”的制度进行了修正。只要医生没有明确表示不可使用，药剂师可以根据自己的判断来发放“后发药品”）。

这个事例的问题点在于，没有明确“控制药费”的成果目标由谁来负责。因为没有人把这一成果目标定义为“必须由我达成的目标”，所以市、省、国都为了避免与医生工会发生摩擦而选择了“多一事不如少一事”，采取了等别人去做的态度。

与控制医药费这个成果相比，同医生工会维持良好关系的优先度更高，认为“自己不想做，希望别人能够来做”的想法，是与领导能力完全相反的思考方式。但现在的状况却是，大家都认为采取这种态度是理所当然的。如果对成果目标没有严格的问责制度，那么谁也没有发挥领导能力的合理性。当然也就没有主动去破坏自己与相关团体之间关系的必要了。

■ 要搭哪一艘救生艇?

领导到底是怎样的人？就算不用语言文字进行明确的定义，日本人也非常清楚地知道。实际上大家都理解“领导不是注重和谐的人，而是创造成果的人”。比如下面这样的情况。

假设你和妻子、女儿一家三口搭乘大型客船观光旅行。但有一天，暴风雨使客船触礁，眼看船就要沉没了。你们急忙跑上甲板，发现许多救生艇都被放了下去，大家正准备开始避难。

仔细看，你发现每一艘救生艇上都有一个水手。你看着这些水手的模样，决定“自己应该搭乘哪条船”以及“最爱的妻子和女儿应该搭乘哪条船”。这时候你选择托付性命的那条船的水手，就是你最信赖的领导。

在这种情况下，我们应该按照什么基准来选择水手呢？是应该选择和平时工作中的项目经理很相似的人吗？还是“虽然我不愿意和这个人在一起工作”，但如果是作为托付自己性命的救生艇的水手，却会选择他呢？

我之所以说在这种情况下被选中的水手才是领导，是因为这个选择“生死攸关”。对任何人来说都再也没有比这更加明确的目标了。这是关系到自己与家人性命的绝对需要实现的目标。

如果换成在平稳的湖面上泛舟游玩，那么选择水手的标准就不一样了，只要选择“能够度过一小时快乐时光”的水手即可。那样的话，你肯定会选性格开朗的人吧。至于那些吵吵闹闹、不苟言笑、态度阴沉的人，你肯定不愿和他们同乘一船。

但在大海上选择救生艇的时候，只要能够活命，水手的性格对你来说无关紧要。

你只会以“是否能够在得到救援之前，保证乘客的安全”这一点作为基准来选择水手。在海上漂流等待救援的过程中，需要对诸多状况进行判断，并且对船上的乘客进行管理。只有选择在面临残酷的抉择和风险时能够做出正确判断的真正的领导，你才能够活命。

于是我们为了实现活命这个目标，可以牺牲其他的一切。只要大致上的目标得到实现，细节部分不必追求完美。在等待救援期间，就算吃一点苦头，听到一些冷嘲热讽都无所谓，只要能活下来就是不幸中的万幸。

可能这个人你平时就感觉难以相处，不愿和他接近，但你还是果断地选择乘他的那条救生艇。因为就算性格不合、惹人讨厌，但只要他是一个“拥有判断力和决断力值得信赖，该说的话毫不犹豫地说，该做的事勇于承担风险去做”的人，那你就愿意搭乘他的船。

当关系到重大成果的关键时刻所选择的领导，和没有目标时选择的“那家伙是个好人”“总是很努力，大家对他都很有好感的人”“在一起工作感到很快乐的人”“任何事情都处理得很完美很有能力的人”之类，是完全不同的概念。

“领导能力与成果主义之间的关系”在日本并不被普遍理解。这也是很多人难以想象领导能力究竟是什么概念的根本原因。

■ 头衔和领导能力

在日本一提到有领导能力的人，首先提起的都是诸如“做过棒球队的队长”“担任项目组领导的某某先生”之类，用头衔来作为替代概念。将担任学生会会长和俱乐部部长的人看做领导，也是出于同样的思考方式。

但这些都只是头衔而已，与是否具有领导能力没有直接关系。当然，能够就任这些职位，会经常遇到那些需要发挥领导能力的状况，所以能够间接地反映出一个人有多少领导经历。但这并不意味着两者的意义相同。

在美国的商业学校中，为了帮助学生更容易找到工作，会在学生俱乐部里设置多个副部长的职位。在金融业就业率较高的学校中，拥有许多个与金融相关的俱乐部，在这些俱乐部中又设置多个部长、副部长的职位，一个俱乐部里可以有八九个领导。因为如果你的个人简历里面没有这些职务经历，连一流企业的第一轮简历筛选都无法通过。

但即便通过了第一轮筛选，在后续的面试中这些领导经历也会被详细地验证。因为面试方也很清楚，某些学校存在很多像vice

president（副部长）没什么实际工作的挂名头衔。

在年功序列型组织和轮流担任组织负责人、根据当时的情况选举理事或者会长的情况下，头衔与领导能力并没什么关系。

在PTA（Parent-Teacher Association：家长教师协会）和城镇大会中，前会长提出“请推举下一任会长人选”的时候，绝大多数的人都会保持沉默，只有个别几个提名，然后大会主持人会询问这些人“有担任会长的意愿吗”，就这样决定下一任的会长，这样的场面真是屡见不鲜。在这种情况下被推荐出来的人，并不是具有领导能力的人，而是“优秀学生的家长”“城镇内最年长的人”之类，看上去比较符合这个职位的人。然而“看上去比较符合这个职位”这种概念就更加奇怪了。

在日本，一个人成为科长，最大的原因是“这个人到了应该做科长的年纪”。这是“与科长这一头衔相符的第一理由”。其次的理由才是“这个人作为科员时取得了不俗的成绩”。不俗的成绩，可以是销售业绩，也可以是作为技术员开发出了更好的产品。但达到一定的年龄，既不能说明这个人作为销售代表或技术人员非常优秀，也不能说明他具有率领整个科室的领导能力。

而在绝大多数的外资企业中，如果没有“作为团队中的一员带领其他同事取得了不俗的成绩”这样的领导能力的实际经验，是不可能成为科长的。但在日本的组织中，对于“作为团队中的一员发挥领导能力”这件事本身就不抱有任何的期待。因为应该发挥领导能力的人是科长，而不是科员。

外资企业当然也存在各个职务的头衔。但领导能力与头衔无关，是每一位员工都必须具备的能力。而且在担任某个特性职位之前，必须通过实际工作证明自己拥有相应水平的领导能力。

这个顺序非常重要。并不是“就职在前，领导能力在后”，而是必须证明自己拥有相应的领导能力才能就职。比如升职为经理的人，必须“已经发挥出足以担任经理一职的领导能力”，才能够升职为经理。

麦肯锡对于那些没有头衔就无法发挥领导能力的人，也不会给予他们头衔。因为如果没有头衔的权威性，就无法领导其他人，同样会被看作是不具备领导能力。

所有升职时都一样，都是业绩在先、头衔在后。只有在发挥出符合经理要求的领导能力之后才能升职为经理，发挥出符合合伙人要求的领导能力后才能升职为合伙人。

可以设想一下。如果一个人在就职科长之后，才开始学习“作为科长应该如何采取行动，科长应该发挥怎样的领导能力”，那这个人要给下属添多少麻烦啊。最不幸的当属社长在就职社长后，才开始思考“社长应该发挥怎样的领导能力”的企业。这样的企业有很高的概率成为无组织的企业。

毫无疑问，日本的大企业中的会长和顾问等头衔，都与领导能力无关。本来他们就不需要实现任何成果目标。这些头衔，只是被他们选举出来的社长，为了对这些前辈经营者表达谢意而授予他们的，与领导能力这个概念没有任何的关系。

■ 经理与协调人

还有一个容易混淆的概念，就是经理和领导。经理是管理者。经理的责任是对部下的劳务进行管理，对组织内各工作的进展情况和品质进行管理，以及对预算进行管理。

在由三个人组成的组织中，是不需要经理的，也就是说不需要管理。但即便在三个人组成的组织中，如果有成果目标的话就必须有领导。没有能够发挥领导能力的人，那么这个组织就无法达成目标。另一方面，如果组织成员的规模（人数）和工作的领域超出一定范围的话，即便是不问成果的状况，也必须有进行管理的人。

经理的存在不是为了取得成果，而是因为组织内人数过多的话，必须进行有效的管理。这种“为了管理而存在的职位”和“为了取得成果必不可少的职位”是完全不同的。

然而很多组织对这两个概念的理解都非常混乱。

对管理职务要求不仅负责管理还要具有领导能力。

对管理职务之外的人，不但不需要管理，连领导能力也不做要求。

也就是说，日本的管理职务与领导能力是连接在一起的。

一个管理职务被要求具有以下全部三点。

管理能力

领导能力

竞争能力

但在实际情况中，只要管理能力和竞争能力达到一定水准，就可以担任管理职务。企业内外的管理职务研修课程所教授的内容，都以“如何进行管理”为主。一般来说管理职务研修课程，与遵守法令（compliance）和对部下进行评价与管理（due diligence）相关的内容很多，而“什么是领导”“领导必备的技能”“为了取得成果，在困难的状况中应该如何率领团队”这些有关领导能力的内容却非常少。

在升职时领导能力也不受到重视，而且，因为研修中关于这部分的内容就很少，所以出现大量缺乏领导能力的管理层人员也是理所当然的。可是，在日本企业中，组织的管理职务却需要对成果目标负责。这是产生不幸的根源。

让一个没有领导能力的人实现成果目标，这个人为了取得成果只能采取无谋的方法。有的人将自己竞争成功的经验强行推广给组织成员，企图通过坚持不懈的精神来取得成果。还有的人通过欺压部下或者供应商等弱者来取得成果，甚至还有的人不惜采取违法的手段。这对于团队的成员来说，是绝对无法接受的事情。

适合做经理的人，具有管理能力。而做领导需要的是与之不同的能力，也就是能够取得成果的能力。因为具有管理能力和资质而升任经理，却因为不知道应该如何取得成果而充满压力，因为没有接受过领导能力相关的培训，不知道应该如何率领团队取得成果，因为这些问题而感到苦恼的管理人员肯定不在少数。

在日本，除了经理之外，协调人也常常被与领导混淆。任何事物在进展过程中，都会出现多个利害关系相互冲突的情况。在这种时候征求多方意见，调节利害关系，提出让大家都满意的解决方案，进行“对方做出了这样的让步，我们这边也让一点”这样交涉的人就是协调人。协调人在团队中非常关键，如果协调人同时身兼管理职务的话，团队的交涉将会进展得非常顺利。

但协调人也不是领导。因为协调人最优先考虑的是相关人员的心情以及组织的和谐氛围，而不是取得更高的成果。正如前文中提到过的那样，领导是“率领组织达成目标的人”。“为了不与相关人员产生摩擦，就算对成果目标做出妥协也无所谓”，并不是领导能力。

前文中提到日本的管理职务，在升职后还要对成果负责，结果还是需要领导能力，但有时候他们更需要的是协调能力。与取得成果相比，以组织的和谐为最优先的考量，进行“这次我们部门让步，下次轮到你们部门”这样的利害关系调整，使各部门之间的交涉变得更加顺畅，这并不是领导能力。

负责协调工作的人，不会引发不必要的摩擦，与人为善，非常热情。他们具有大事化小小事化了的能力。但他们的优先目标是和谐，而不是取得最大化的成果。

■ 领导者必须事必躬亲?

在日本，领导有时候更像是一个管家婆。比如举办某个活动的时候，事前要确认参加者的人数，预约场地，提前到场确认一切是否准备妥当。在活动进行中要保证活动顺利进行，结束后也要留到最后进行整理，这样的人被称为领导。

但这实际上不都是打杂的工作吗？说好听点是管家婆。

日本很流行一句话叫作“谁说谁做”。正因为这种谁说谁做的印象根深蒂固，所以当面对“谁要做领导”这个问题的时候，大家都低下眼睛，尽量不与别人有目光上的接触，默默地祈祷自己不要被选上。

因为一旦成为领导，就要从事打杂的工作，为了组织而尽心尽力。但这并不是领导能力。为了取得成果，领导经常要抓大放小。因为领导有更加重要的工作需要处理，不可能事必躬亲，什么时候都冲在前面、一切步骤都要自己处理，面面俱到，这些并不是领导能力（也有为了给成员们做榜样或者激励成员的工作积极性，而采取这样行动的领导方法）。

为什么日本的领导会变成管家婆？因为日本人认为“组织里只

要有一个领导就可以了”，认为“领导应该负责组织运营的全部工作”。这样一来，领导除了本来就有的责任和义务之外，又加上了打杂的工作。

如果这个人对领导能力有一定的理解，那么他就会说“这些工作我无法独自处理，请小A处理这部分工作，请小B处理这部分工作，当然如果有什么问题，随时可以与我商量”，将工作分派给其他人，组成自己的领导小组，这样他就可以从打杂的工作中摆脱出来，专心于领导的工作。

但是如果小A和小B认为“组织里只要有一个领导就可以了”，就可能以为这是“领导在推卸责任”而不愿接受，甚至产生“明明身为领导却什么也不做”的想法。再加上身为领导的人有时候也会错误地认为“包括打杂在内，全都自己做也是领导的责任”。

我再强调一遍，领导能力是所有人都需要具备的能力。如果每个人都能够在自己力所能及的范围内发挥领导能力，就不会出现一个人负责全部打杂工作的情况。但对日本人来说，全员都发挥领导能力本身就是“不可思议的概念”。正是“领导只有一个人，这个人就应该做所有的事”这种错误的思考，将领导变成了打杂的。

■ 领导者永远高高在上？

与打杂的相反，有人认为领导是高高在上、对他人发号施令的人。因为没有人喜欢被命令，所以当“领导=发号施令的人”这个概念出现时，对这个人来说“领导”一词就包含了负面的意义。

绝大多数的日本人，都喜欢像坂本龙和织田信张，以及《坂上之云》中的秋山兄弟这样的历史上的领导，也喜欢外国的领导，比如奥巴马和乔布斯。已经相当高龄或者已经去世的日本著名经营者，也会得到许多人的称赞。但以现在进行时存在的强力领导，却总是会遭到“独裁者”的批判。

即便是传记中的伟人，对于在他们身边工作的人来说也常常是“非常自私的人”。所以，那些在时间和空间上与自己有一段距离的领导往往会得到尊敬和称赞，而与自己处于相同场所和时代的领导则是负面的存在。

这种现象可以从“领导专注于创造成果”这一原则来进行说明。对于在时间和空间上有一段距离的人来说，只能看到领导创造的成果，却不会知道为了创造出这些成果，领导周围的人吃了多少苦。如果只看成果，领导确实是值得称赞的对象。

但领导将创造成果优先于组织的和谐。所以一个强有力的领导，对于同时代同空间的人来说，绝对不是“能够一起快乐工作的人”。

再思考一下救生艇水手的情况吧。正因为在生死攸关的残酷状况下，身为领导的水手才会做出这样那样的指示。甚至可能言辞激烈，对指示的理由和背景也没有详细说明。

就算是在生死攸关的救生艇上，面对没有说明理由就下达的命令和言辞激烈的指责，也会有人感到心情不爽，甚至做出反抗吧。但绝大多数的人还是会想着“现在只能靠这家伙”，然后遵照指示，对领导提供帮助。

也就是说，成员对领导的服从度，取决于“成员对取得成果这一目标的投入度以及重视程度”。

如果以救生艇为例，那非常清楚。对每一位成员来说，取得成果都是最重要的目标。但在平常的工作和普通的项目中，要让每一位成员都理解“达成目标有多么重要”本身就不是一件容易的事。

对领导持有负面态度的人，绝大多数都是“对取得成果不够投入的人”。对于不赞成领导的想法，认为领导想要达成的目标与自己没有关系的人来说，领导只是一个固执己见的独裁者罢了。

与拥有共同目标的人组建团队，或者在最初阶段就与全体成员达成共识，这对于领导来说是非常重要的。但更重要的是让其他成员理解“领导的工作不是让周围的人感到快乐，而是取得成果”。在日本做领导的人，之所以无法得到周围人的协助而孤军奋战，甚至还会遭到周围人的批判，就是因为其他人没有自己作为领导的体验，对领导的实际情况缺乏了解。所以这些人才会对领导的遣词造句、为人处世等表面上的行为提出这样那样的意见。

救生艇的水手，没有让所有的乘客享受快乐漂流的责任。在他要做出决定时，也不必听取所有人的意见，或者经过大家讨论后决定。对他来说唯一重要的事情，就是尽可能多地拯救生命。

或许有一部分乘客无法得到救援。但在这种时候不能有“既然不能全救，干脆大家一起死掉算了”的想法，坚持“或许会出现牺牲者，但要尽可能多地拯救生命”才是领导者应该做的。谴责“出现一个牺牲者就是领导失职”的人，既不是同乘一条救生艇的人，也不是自己身为领导的人。只要不能理解这一点，日本人就无法理解领导能力真正的意义。

/专栏/

未来能够成长的人，更胜于能力优异的人

在外资管理顾问公司中，跳槽来的员工大多数都是三十出头。所以，除了入职时的能力高低之外，入职后的成长潜力也很重要。

而在应聘者当中，有在之前的公司里几年前就感觉自己的成长遇到了瓶颈，但拖到现在才考虑跳槽的人。这也是最难录用的类型。

在感觉自己的成长遇到瓶颈的同时还继续工作的人，不会从事具有挑战性的工作。他们不会选择那些只有拼命挑战才可能成功的工作，而是会继续按部就班地做一些自己轻车熟路的工作。这样的工作持续一段时间之后，会消磨掉一个人的意志。

人只有不断接受挑战，才可能持续接触到新的事物，并且不害怕迎接更大的挑战。相反，如果总是重复一些简单的工作，那就会对具有一定难度的工作产生恐惧。就好像每天开车非常熟练的老司机，如果几年不碰车再重新驾驶时也会产生恐惧一样。

另外，接手超出自己实力范围工作的人，会将工作分成“必须取得成果的重要工作”和“不应浪费时间的次要工作”决定优先顺序。结果在有限的时间内，只能去做那些重要的工作。而总是重复力所能及工作的人，不管是重要的工作还是不重要的工

作，反正他都有足够的时间来完成。所以不需要站在更高的视角决定工作的优先顺序，很容易陷入毫无意义的工作中浪费时间。

像这样，连续几年都在做简单的工作，会使人在不知不觉中变得保守，视角也变得很低。如果突然接手一个必须付出全部努力才能够完成的工作，与此同时还要快速成长，对任何人来说都是非常困难的。

因此正如图/表5所示，在面试时，应聘者A的实力比B更高一点，但考虑到入职后的成长潜力，还是会录取B。

图/表5 招聘时的成长曲线与录用判断

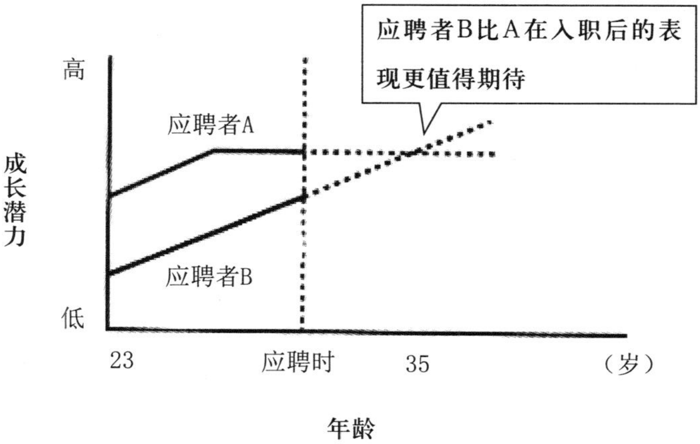

很多情况下，应聘者B也是考虑到自己今后的成长路线才选择跳槽的。第一时间决定跳槽的B，和成长遇到瓶颈几年后才考虑跳槽的A，在“发现风险后是否能够尽早做出决定”这一点上也有所不同。

当然，在成长遇到瓶颈后又继续工作了好几年，并不是一生都无法修复的缺陷。但从日本的大组织向麦肯锡这样的组织跳槽时，往往伴随着好像足球运动员转向海外球队一样的环境变化。因为麦肯锡是一个在入职后马上需要你对成果负责的组织。只有在你处于全力奔跑的阶段时，才适合接受新的挑战。

负责面试的管理顾问，即便在短短一小时的面试时间中，也能够判断出应聘者具有多少成长潜力。成长速度快的应聘者，在面试过程中就可以根据对方的言行当场学到一些什么，并且灵活地运用在接下来的回答中。挑战远远超出自身实力的工作的人，不能等待特别的学习或训练机会，必须在日常的工作中如饥似渴地学习，掌握必要的技能。因此这样的人总是保持着一种“随时学习”的姿态。

不管在什么地方工作，一旦感觉自己的成长速度变慢了，最好立刻换一个工作环境。当然不一定非得跳槽，可以在公司内部调动，或者改变工作内容、负责范围。当你感到“这几年成长遇到了瓶颈”之后，又在同一个环境下继续工作了几年才选择跳槽的话，也很难得到令人满意的结果，这一点请大家务必理解。

第四章

领导者的四项任务

前文中已经说过，领导就是取得成果、达成目标的人。那么为了取得成果，领导具体都需要做什么呢？实际上，领导需要做的事情非常简单，总结起来只有以下四点。

■ 任务 1：设定目标

领导首先要做的，是设定团队需要实现的成果目标。而且这个目标，必须是能够对成员起到充分鼓舞作用的。

人之所以能够在困境中坚持前行，就是因为有一个只要达成便可得到极大回报的目标。将这一目标用简单易懂的语言向全体成员说明，使所有人都为着同一个目标努力，是领导的责任。

马拉松也好，行军也好，正因为人们知道终点（目标）在哪里，大概还要多久能够抵达，所以才能够坚持下去。如果不知道终点的位置，又不知道什么时候结束，只得到“在我说结束之前要不停地前进”的命令，那任何人都难以维持积极的情绪吧。“尽量提高销售额，尽可能多地创造利润”这样空洞的口号也是一样。这会让员工感觉自己需要不停地努力，不但得不到满足感和成就感，反而会产生疲劳感。

另一方面，“用这项技术改变世界！”“五年后成为这一产业的世界前三！”这样的目标，可以让员工们明确自己努力的方向。而且这样的目标，也具有“即便辛苦也值得努力”的魅力。

每个人都是理性的（也可以说是自利的）。如果认为自己付出的努力和得到的回报不平衡，那么他自然就不会努力。所以前进的道路越是艰辛，就越要让员工知道“一旦达成目标，将得到多大的成就感，同时获得多大的回报”。

很多成功的经营者，之所以在他人看来有勇无谋、做事过于冲动还总是说一些不可能实现的目标，就是因为这个原因。他们带领着一个鱼龙混杂的团队，每个成员的欲望和能力都不同。如果不提出一个远大的目标，怎么能让几万名员工产生动力，坚持工作呢？正因为他们知道前进的道路如此简单，所以才提出难以实现的远大目标。

尽管这样的企业中的员工经常抱怨“我们的社长总是设定难以实现的目标。所以我们的组织才变得这么混乱，真伤脑筋”，但这也是领导的重要责任之一。这些抱怨的人，当自己成为领导的时候，就会理解设定远大目标的意义了。

我在麦肯锡做管理顾问时，合伙人经常在一起吃夜宵的时候，讲述他那“远大的未来论”。虽然我因为连日的长时间工作而非常疲惫，只想早点回家，但他还是针对“将来这一产业会发生怎样的变化”喋喋不休。海外市场发生了什么、顾客企业的经营者说了什么、我们作为管理顾问必须做出什么贡献，说到兴头上充满了激情。因为每一个话题都能说很久，所以有时我也感到有些打怵，但这也是领导的重要工作之一。

管理顾问的工作，在时间和精力上对人都是极大的考验。以“顾客企业获取尽可能多的报酬”为目标，无法维持工作积极性。所以合伙人们才会对年轻的管理顾问们频繁地、令人厌倦地宣扬那些老生常谈的“理想论”。

在经营者中，也有以“我不是偶像类型”“我不喜欢太过张扬”为理由，不设定鼓舞组织的目标的人。

确实在这个世界上有些人天生就有偶像气质，但绝大多数人却都是不具备的。即便如此，设定一个能够让组织成员为之奋斗的目标，也是领导的重要工作，不能因为自己的性格不适合就不这样做。理解这一点的经营者，即便自己生来不具备偶像气质，也会通过努力来提出一个“让大家能够为之奋斗的目标”。

本来，如果只有一个很容易就可以实现的目标，那么这个集团从一开始就不需要领导（正如前文所述，组织的规模越大，越需要管理职务）。比如只要正常运转，一年后就可以实现的目标，无法使人员与组织产生动力。在这种情况下，根本不需要顶着社长头衔的人，也不需要领取经营者职务报酬的人。

当一个人就任科长和部长等职务时，可能会接到组织上层下达的任务。拥有领导能力的人在这种情况下，为了给团队成员以动力，会将上层下达的任务用自己的语言重新描述。或者设定一个比下达的任务更高的目标。或许对于管理职务来说，只要将组织下达的业务目标直接传达给部下就算完成任务，但领导却不能这样。

在面试中，面试官有时会询问应聘者过去曾经设定过怎样的目标。为的是掌握这个人是否设定过目标，如果设定过目标，这个目标是否足够远大，是否理解设定远大目标的意义。

可能有人认为这是在招聘“具有应对变化能力的人”。但从寻求具有领导能力和发展潜力的人这一角度上来说，需要的不是具有应对变化能力的人，而是“能够引发变化的人”。不是对发生变化的社会具有应变能力的人，而是具有改变社会和组织能力的人。

“应对”这个词，是以变化从外部到来为前提。但对领导来说，变化应该是由自己引起的，而不是外部到来的。领导所处的立场是不是主体，具有决定性的重要意义。同样，为了达成别人制定的目标而工作的人，也不是领导。对于领导来说，必须由自己提出目标。

■ 任务 2：身先士卒

在马拉松比赛中跑在最前面的那些人被称为“第一集团”。比赛的最后关头，处于第一集团的几名选手会进行激烈的竞争，然而在此之前，即便是以夺冠为目标的选手也会停留在第一集团之中。这样做既可以保存体力又可以调整节奏，同时让其他竞争对手失去戒备，具有战术上的意义。

在第一集团中，还分为跑在最前面的选手，和跟在他后面的选手。这个“跑在队伍最前面的运动员”，有时候是被雇来专门带节奏的。这个人的使命不是取得优胜或者完成比赛，而是为了使队伍维持在一定的速度，提高第一集团的整体记录。

通过这件事我们可以知道“跑在最前面的人的负担有多重”。跑在最前面的人，不得不牺牲自己最终的胜利。反之，跟在别人后面，则相对非常轻松。

在像奥运会这样没有领跑选手的运动会中，跑在最前面的选手没有“跟在前面的人后面”这个选项。他不但要自己安排节奏，如果逆风的话还要独自迎风而上。

不只是马拉松，在任何领域，第一个人的负担都是最大的，让自己站在第一位需要很大的勇气。第二个人可以根据第一个人的结果，了解“这个地方需要注意”“这个地方是关键的部分”。被卷入各种麻烦的，也是第一个人。攀岩时预定路线上的石块松动脱落、向客户介绍产品时由于设备出现问题而导致失败，都是在第一次的时候出现，之后就会立刻得到改善。所以成为第一个，确实不是一个好选择。

即便如此，仍然不厌其烦地“做第一个”“身先士卒”的人，就是领导。在组织提出一个新主意，询问“有没有谁想试一下”的时候，不瞻前顾后，立刻自告奋勇地说出“我来做”的人，就是领导。

这等于将自己完全展示在公众面前，就算结果不理想，也敢于承担风险和责任，只有勇于担当的人才敢这样做。在讨论的时候敢于率先发言的人，在大多数人持相同意见时敢于提出异议的人，都属于这种人。

以集团为单位的时候，就算有副委员长之类第二把交椅以下的职务，但对成员的反驳和结果负责的人，永远是坐头把交椅的领导。出现问题首先被问责的也是领导。

认为领导这个职务是“爱出风头的人才愿意做的职务”的人，肯定没有作为领导身先士卒、心力交瘁的经历。在绝大多数情况下，领导都比其他成员承担着更大的压力。即便如此，为了取得成果仍然敢于第一个冲上去的人，就是领导。

在日本，不知道谁冲在第一位的组织和团队十分常见。与国外企业共同合作项目的时候，身为项目经理的部长，开会时除了最开始打了声招呼之外没有任何发言，国外的成员对于这种情况都感到非常惊讶。

这个只在最开始打了声招呼的部长，在日语中被称为“这个项目的负责人”，属于在团队的后方进行掌控的人。会议中也只是观察部下们进行的交涉。只有在出现问题时才会从幕后走到台前做出判断，并且无条件地承担最后的责任，为最终的决定定夺。

那么这个团队应该沿着哪条道路前进，究竟由谁来决定呢？让部下冲在前面，自己在后面观察的负责人，可能是“因为信赖部下才把工作交给他们，培养部下的自律意识”，但如果“一旦出现问题，就会在后面做出指示”这样的情况多次出现，就会让冲在前面的部下在工作中总是要看后方负责人的脸色行事。

明明在前方进行交涉的人是自己，但在要做出某种决定的时候却不得不“回公司请示一下”，必须确认负责人的态度才行。所谓领导是身先士卒的人，不是在后面指挥的人。只有身先士卒的人冲在最前面决定最初的方向性之后，其他成员才能够安心地跟在后面一起朝着目标奔跑。

■ 任务 3：做决定

领导既不是讨论的人也不是分析的人，而是做决定的人。当然，拥有优秀的分析能力和思考能力，对于做出更好的判断有很大的帮助。但在这个世界上，有很多人即便拥有优秀的分析能力和思考能力，却无法做出任何决定。还有的人迟迟无法做出决定，以“情报不足无法判断”为借口，总是不停地讨论、开会。这样的人，都没有领导能力。

所谓领导，是即便没有充足的情报、即便没有足够的时间来进行讨论，也能够在需要做决定的时候做出决定的人。知道应该在什么时候打断讨论，做出决定的人。与欧美的组织相比（甚至也包括中国与韩国的企业），日本的组织做出决定的时间总是很晚，就是因为领导能力的差异所导致的。

当然，在情报不充足的情况下做出决定，往往伴随着风险。本来承担这种风险也是领导的责任，但日本却经常使用“把风险转嫁给场所”的令人惊讶的方法。

比如面对“这是如何决定的”这一问题，回答往往是“某某会议决定的”，这充分地表现出“决定”这一行为在日本的特殊性。

做决定的不是场所，而是人。应该说明的是谁在这项会议上做出了决定。但日本人却总是模糊人的概念，而是用“会议决定”这一说法。

之所以无法做决定，是因为害怕承担责任。做决定的人，往往要对结果负责。对此感到害怕的人就会一拖再拖迟迟不下决定。而且他们的理由（借口）也总是一样，无非就是“讨论的时间不够”“需要的情报不足”这两点。

但过去的事情还好，如果是未来的事情根本无法收集到足够的情报。领导的工作不是整理过去的情报，而是做出面向未来的决定，所以经常需要在情报不充足的情况下做出决定。如果以“情报不足，稍后再做决定”为借口，那么永远也无法做出决定。

更进一步说，如果拥有充足的情报，那么不需要领导，任何人都可以做出决定。领导的工作就是“在情报和时间都不充足的情况下，做出决定”。如果谁也不愿承担由此而来的风险，将决定说成是“会议的决定”，那么一旦出现严重的后果，就会出现没人承担责任的局面。

我在参加某个美国企业的经营者会议时，听到一句话叫“A bad decision is better than no decision”（一个坏的决定也比没有决定好），我对这句话深有感触，同时也对在经营首脑会议上公开发表这样的观点感到震惊。这简直就是在说“做决定是领导的责任和义务”。至于“得出最佳结论之前应该一直讨论下去”的说法，简直完全无法与之相比。

为什么即便不是最佳决定，做决定仍然如此重要呢？原因之一在于，一旦做出某种决定之后，问题就会随之浮上水面。如果是没有领导经验的人，当发现问题时会马上认为“是不是做出了错误的决定”“应该更加仔细地讨论”，有时甚至还会将已经做出的决定撤回。因为这样的人无论如何都想尽可能地避免与承担结果责任有关的“决定”。

但领导在做出决定时，并不是得出“万事俱备”这一结论的阶段。即便问题堆积如山，如果认为现在是应该做出决定勇敢前行的时候，那么就应该做出决定。而随着做出决定喷涌而出的问题也是在预料之中的。

可以说，做出决定就是为了使问题浮出水面，从而知道应该做出何种改善。只要找出问题，就等于迈出了前进的第一步。不理解这一点，一旦遇到问题就认为“果然欲速则不达，应该进行更多的讨论才行”的人，没有领导能力也没有潜力。

在案例面试中，也有没完没了地寻求情报的人。但这种人只是寻求情报，却迟迟不能说出自己的结论。被问及“你认为应该怎么做”时，回答是“需要再详细地调查”。当进一步提出“调查出结果后就能做出决定了吗”的问题时，则无法做出任何回答。这种人并不适合作为领导。

在现实中，由于经营者迟迟无法做出决定，导致企业陷入长期消耗战的例子比比皆是。这并不是因为经营者消极怠工。而是因为“得到足够的情报之前，一直在仔细地讨论”。或许这些经营者都是诚实善良的人，但对于被这样（缺乏领导能力）的人所率领的组织来说，却是一种灾难。

如果团队全员都有领导能力的话，尽管最终做出决定的是正式的领导，但在讨论阶段所有成员都会以“自己站在领导立场”为前提进行讨论。在这种情况下成员不会对领导提出“这部分有些问题”或者“这地方需要改变”之类的下属对上司的建议，而是站在“如果我是领导，会做出这样的决定”立场上提出建议。

图/表6是一人领导其他人跟随的团队，图/表7是全员都拥有领导能力的团队。在图/表7中，所有人站在领导的立场上进行思考，因此没有人提出偏见，也没有人提出难以实现的意见，更没有人拘泥于不重要的细枝末节。

在图/表6中，“做决定的人”和“等待他人做决定的人”之间进行意见的交换。这与所有人都是“自己是最终做决定的人”的团队讨论之间有很大的区别。

图/表6　一人领导其他人跟随的团队

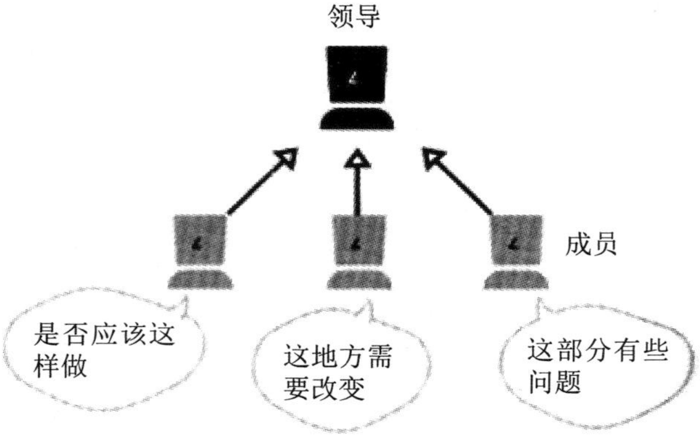

图/表7　全员都拥有领导能力的团队

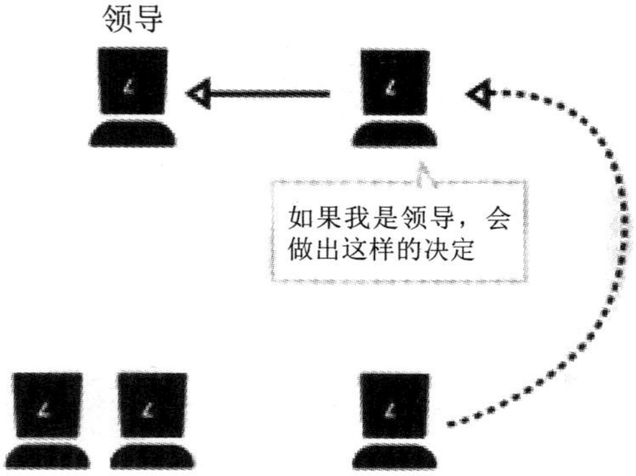

■ 任务 4：传达信息

领导另一个重要的工作，就是沟通交流。为了能够清楚地进行说明，语言能力非常重要。如果只是像家族那样以少数人组成的团队，那么即便不用语言只用态度也可以进行说明。但领导人数较多的团队，以及团队成员拥有不同的价值观时，或者面对非常难以取得成果的状况时，通过语言来激励团队成员就是必不可少的。

就算沉默也能够传达，别人应该能够明白，这样的想法是行不通的。在发生问题时，必须用语言说明问题的原因和应对方法的选择，还有为什么选择其中一种方法的判断依据。这被称为“说明责任”。

日本的组织和企业，由于长时间都由极其同质化的人组成，因此说明责任和语言能力往往不受重视。但现在日本的组织和企业中也出现了日本人以外的、对工作的思考方法不同的人。为了团结这些人，使组织向更高的目标迈进，必须明确地进行理论说明。

认为不用说明下属也能够理解，认为传达信息不重要的人，绝大多数都没有领导过具有多样性的团队。或者，他们没有意识到自己的团队成员是具有多样性的。如果一个人只能够看到和自己一样的东西，那么他肯定认为其他人也都和自己一样。

但是，这样的团队所能够取得的成果肯定很有限。麦肯锡经常说“如果有两个完全一样的人，那么其中一个就是多余的”。如果两个人在看到同一件事物时，总是只有同样的想法，那么这两个人就没有在同一个团队中共存的意义。正因为看到相同事物时，总是有不同的感觉，这才是每个人存在的意义。

由此可见，“不用说也能明白”之类的想法是行不通的。一个强大的团队，是由具有多样价值观的人所组成的团队。而团队成员拥有多样化的个性时，领导就必须具备“用语言传达信息”的能力。

也有人认为，只有在团队中存在外国成员的时候，才有用语言传达的必要，如果团队成员全都是日本人，那么“不用说也能明白”。但实际上就算同为日本人，就算同在一个公司工作几十年，也不意味着这些人对同样的事物具有同样的看法。

实际上，就算拼命地用语言进行说明，想要准确地传达自己的想法也并非易事。麦肯锡的项目也是如此。即便全员都拥有相同的目标，并且理解实现目标的方法，但如果缺乏语言的交流确认，仍然会很快出现偏差。人类就是这样具有多样性的存在。

正因为每个人拥有不同的感受性和思考方式，所以当接触新情报和开始思考时，每个人都会产生出与他人不同的反应。这种情况反复出现的话，即便是向着同一个目标，但最终抵达的地点却有可能出现偏差。

所以身为领导的人，需要反复多次地用语言来进行沟通（如果所有人都拥有领导意识，那么所有人都会积极地提出自己的想法）。即便是那些你认为应该理解的人，绝大多数也只是模糊的理解，或者只是看上去理解了而已。不进行确认，单方面地认为“已经传达清楚了”，是对工作的懈怠。

特别是在严峻的环境下，组织内部很容易流传各种各样的不满和奇怪的谣言。为了清除不怀好意的言论和组织内部的不协调音，团结人心使组织保持前行，领导的语言是最有效的武器。在这种情况下，往往是弹尽粮绝（没有预算），对努力的人也无法给予金钱回报。因此不必花费任何成本的语言，就显得更加有价值。

综上所述，领导应该做的事情就是①设定目标、②身先士卒、③做决定、④传达信息。虽然看上去很简单，但却都非常重要。

反过来说，无法做决定的人不是领导。不努力传达信息的人、不身先士卒的人、不设定目标的人，都不是领导。不管在调查、学习、思考之类的行为上花费多少时间和热情，都不能说是完成了领导的责任。只是“在后面看着部下工作”的人，不是领导。

设定目标，身先士卒，在前进道路上的关键点做出决定，保持与成员之间的沟通，这就是领导必须完成的四个任务。

/专栏/

立志要进麦肯锡的人

应聘的时候，经过层层筛选最终成功得到工作的感觉肯定很让人开心。但外资管理顾问企业，既不是终身雇佣制也不是年功序列制。如果在入职后不能取得相应的成果，很有可能遭到解雇，更别说靠混年头来升职了。

所以在这样的组织里，入职并没有太大的意义。因为就算得到了工作机会，如果没有取得成果，也是待不久的。

如果是大企业，员工入职后无法发挥实力，那么可能会被调到其他部门。但对管理顾问公司来说，原则上其实只有一个部门，如果在这个部门无法取得成功那么就无法继续留在公司（虽然也有像我这样从管理顾问转到人才管理相关职位的情况，但这也需要在管理顾问岗位上取得一定的成绩之后才可以）。

或许有人认为“只要短期在麦肯锡任职，履历书就会因此而变得更有含金量。有了在麦肯锡工作的经历，在之后的求职中会更有优势”，但没有任何一家企业会将曾经在著名企业任职作为雇佣的主要原因。或许在接受媒体采访的时候多少有一点好处，但也是非常有限的。

在应聘任何企业时最重要的是在面试过程中确认“这份工作是不是自己真正想做的”“是不是适合自己做的”。换句话说，是要确认“这里是不是对自己来说最正确的地方”。

面试官想的也是一样，“麦肯锡对于这个人来说是不是正确的地方，是不是这个人应该度过几年的地方”。

有毕业生认为，“即便不说自己想在麦肯锡一直工作下去也能够得到录用”。实际上对于面试官来说，希望寻找的是能够长期任职并且发挥领导能力的人才，不可能无条件地欢迎“只是想将麦肯锡作为跳板的人”。但就算应聘者的最终目标并不是麦肯锡，如果面试官认为在这个过程中“麦肯锡是正确的地方”，那么也会录用这个人。

真正有问题的反而是那些看起来将麦肯锡作为自己职业终点的人。就好像以通过司法考试为目标的法律系学生、以取得医生执照为目标的医大学生一样，以这样的事情作为目标，让人完全不知道他的真正目标是什么。

经常有应聘者询问“取得MBA学位是不是更容易被麦肯锡录用”，但实际上两年的留学是非常大的投资。如果只是为了就职而硬着头皮去留学，那是非常不可取的，相反，如果渴望去商业学校进修，那么不管对入职麦肯锡有没有帮助，都应该毫不犹豫地去留学。

认为入职麦肯锡是人生大事，为此拼命努力，并且对面试问题进行彻底分析，做足了准备……一旦陷入这种精神状态，很容易使面试官感觉“这个人的目标太低”，做出“对于这个人来说麦肯锡不是正确的地方”的判断。

第五章

麦肯锡式领导能力学习法

■ 从文化冲击学到的基本思想

尽管公司需要的是能够作为全球化领导发挥能力的人才，但也不意味着所有人都要在录用的时候就达到这样的高度。有的应聘者可能从来没出过国，还有的曾经在保守的组织里长期工作。绝大多数人都是在入职后的几个月内受到极大的文化冲击，然后经过必不可少的教育和训练，才掌握领导能力的。

即便在比日本更加重视领导能力的美国，一开始大家也只是将领导能力作为更有利于大学入学考试和应聘的一种技巧。但当人们不断积累领导能力的实际经验时，开始意识到领导能力的重要性，于是自然而然地产生出了“掌握领导能力”的想法。在这个过程中，关于领导能力对大学考试、应聘、公司评价等其他方面的有利意识则逐渐消失。

实际上这种意识上的变化，是领导能力教育的基础，也是最为重要的一点。因为领导能力既是一种技能，同时也是一种意志力（发现问题时应该以何种心态面对）。

在麦肯锡，那些因为拥有领导能力的“潜力”（没业绩但有发展前途）而被聘用的年轻人，在短短几年时间内急速成长的例子屡见不鲜。他们认识到掌握领导能力的重要性，并且理解这对于自己的职业和人生具有怎样的意义。而接下来，他们就会自发地开始思考怎样才能够使自己发挥出领导能力。

在本章中，我将根据自己的经验来为大家介绍一下，进入麦肯锡的新管理顾问们究竟学到了什么、经历了什么，以及他们发生了怎样的变化。

■ 基本动作1：创造价值

我刚入职麦肯锡的时候，最令我感到惊讶的事情就是，大家都好像念咒一样不断地重复着“创造价值”这句话。不但一天中要听到好几次，这句话的使用方法也非常独特。

所谓“创造价值”，就是“取得某种成果（附加价值）”，在会议中做出有益的发言，获得独家情报、进行分析后得到重要结果，这些都属于创造了价值。

当开会时邀请对某个领域非常了解的管理顾问来进行咨询时，这个管理顾问在会议结束时会问“我创造出价值了吗”。因为他很在意自己是否在这一个小时的会议中，提供出对方期待的价值。

就好像我们常说的“会议中没有发言的人就没有贡献价值”。因为一个人如果在会议中一言不发，那么这个人对会议的结论也就是成果没有任何贡献，所以有他没他都无所谓。也就是说，这个人的附加价值是零。就算你的发言很幼稚，但可能会刺激其他人的思考，甚至因此而改变会议的结果，反之如果不发言的话，那么就完全没有创造价值的可能性了。

在麦肯锡，“没有价值”被认为是最丢人的，所以就算是新人，在会议中也不能一言不发。在会议中一言不发就等于是浪费了会议的时间，会被看作是工资蛀虫。麦肯锡不是学校，参加会议的目的不是“学习知识”。

正因为麦肯锡时刻提醒员工“创造出了什么价值”，这也影响到每个管理顾问的行动，促使他们提高自己的工作效率。

比如用两小时的时间阅读一份资料，那么两小时后必须思考从这份资料中得到了什么成果，或者对顾客企业来说有什么意义。如果只是说“我用了两小时读了这份资料，对××有了充分的理解”，那么肯定会遭到上司略带讽刺的责骂“你的工作就只是学习吗？”。

在这样的环境下工作，会时刻提醒自己“我现在做的工作究竟创造了多少价值”。员工们自然会避免无意义的工作，尽可能地优先选择那些能够创造较高价值的工作。这样一来，领导也可以更专注于追求成果。

■ 基本动作 2：确认定位

还有一个经常被提到的词，就是“确认定位”。这意味着“你的意见是什么”“如果你是领导，会做出怎样的决定”。麦肯锡要求即便是年轻的管理顾问，也要明确自己的位置，能够清楚地阐述自己的意见。

一般的企业，只会安排新员工进行整理资料之类的工作，至于判断则由上司等“上面的人们”通过会议来做决定。但在麦肯锡，就算是新人也会被问到，你的结论是什么？客户企业应该做出怎样的判断？

如果在会议上将到目前为止所做的分析结果依次说明，很快就会被“所以呢？”或者“so what？”之类冷冷的询问所打断。这就是要求你“首先说出自己的意见，然后再陈述分析的结果和理由”。如果你无法回答这个问题，那么不管你准备了多么庞大的分析资料，都会被认为“没有价值”。你需要提供的不是过程而是结果，如果没有能够取得成果的结论，那么你的工作就会遭到怀疑。

当你在会议中成功地回答了“so what”的问题，逻辑清楚地讲出自己的意见（结论），接下来就会围绕你的意见开始进行讨论。

如果讨论集中在引发出结论的过程上面，这说明你的分析方法存在问题，是一个不好的信号。

像这种聚焦在“so what”之上的讨论方法，可以提高工作的效率。经历过几次这样的会议之后，大家都会发现“不应该浪费时间在与最终结论无关的细枝末节上”。同时产生必须对影响结论的关键点进行仔细分析讨论的意识。

比如在讨论“是否应该进行投资”时，需要分析投资所需要的金额，得到收益的时间和金额等未来的现金流，并且通过计算软件来对整体的投资收益进行计算。在进行这样的分析时，如果收益金额巨大，那么详细的计算需要消耗极大的时间。但绝大多数情况下只想知道“是否应该进行投资”，那么只要迅速地概算一下就可以得出结论。

如果投资一百亿日元，但只能得到“大概”五十亿日元的收益，那么就算这个数值多少有一点误差，也可以得出“不应该投资”的结论。如果只以是否应该投资为目的，那么分析在这一阶段就结束了。但是，如果想知道一个收益的准确数值，究竟是四十八亿还是五十二亿，那就需要更进一步地分析，但在绝大多数情况下，进行如此详细的分析需要消耗大量的时间。

如果只想知道“是否应该进行一百亿日元的投资”这个结论，那么没必要明确收益究竟是四十八亿还是五十二亿。不管哪一个都无法改变不应该投资这个结论。只要养成专注于结论的习惯，就可以大幅缩短讨论所需要的时间，加快最终做出经营判断的速度。

另外，越早确认定位，问题就会越早浮现，也可以尽快做出改善和修正。如果不能尽快确认定位做出结论，就无法得到外部的反对意见，更不知道应该从何处开始进行改善。

假设金融机构打算撤销一定规模以下的分店，用ATM等无人店来代替。在对营业体制进行根本上的改变时，不管事前花费了多少时间进行分析，都不可能完全地考虑到实施后的所有问题。不管花费多少时间，不管投入多少人力，肯定会有意料之外的事情出现。如果“在完全搞清楚改变体制之后可能出现的问题之前，无法做出任何决定”，那么永远也无法做出决定。

另一方面，一旦做出“营业规模××亿日元，顾客人数××以下，距离附近店铺××公里以下的分店全部无人化”之类的决定，与符合这一标准的分店相关的员工自然会做出反应。大家都会开始认真地思考业务变更后的实际问题，之前不管怎么讨论都无法发现的问题都会一一浮出水面。

也有人认为这种方法虽然速度快但质量低。不过，先做出决定找出问题点，然后思考对策，也是在尝试新事物时的一种方法。在四面八方袭来的反对意见和反应之中，也包括在讨论时被认为是毫无关系的人所提出的意见。有时候你可能没想到会造成这么大的影响，有时候这里会产生出非常重要的意见。通过“做出结论=确认定位”所得到的反馈和意见，常常是任何事前准备都无法取代的具有极大意义的内容。

在准备完备之前不做出决定的做法，乍看上去是很有责任感的正确做法。但当你认为能够做出完全准备的时候，这种思想就已经是非常傲慢和不现实的。只有“确认定位，明确结论，找出针对结论的意见和反馈，不断完善结论”的方法，才具有现实意义。

更重要的是，对于眼前的问题，要时刻清楚地认识到“讨论到什么程度应该做出决定”“讨论到什么程度应该开始行动”。如果认为必须讨论到非常详细非常完美的程度，那么绝大多数情况都永远无法开始。结果就会出现“一直在讨论，却做不出任何决定”的情况。

特别是在管理顾问行业中进行的讨论，绝大多数都是被称为头脑风暴的思考实验性质的讨论。如果不确认定位，只想着“必须做进一步的调查才能发言”，那么就无法创造任何价值。只有全员都明确自己的结论，并且收集包括客户在内的多方面反馈，才能尽快找出问题点，使讨论取得进展。

这样，你就会养成“确认定位”，面对问题时刻提醒自己“我的意见是什么”的习惯。就算是与自己没有直接关系的事情，也会产生出“如果是我的话应该怎么办”的当事者意识。经常自己做出结论，也可以作为领导工作中的“做决定”的实际训练。

■ 基本动作3：做自己的领导

我入职后不久，就从前辈那里学到了像图/表8那样的以自己为中心的放射状的组织图。在通常的组织图（图/表9）中，往往是上司在上面、部下在下面的结构（也就是金字塔形组织，或者以汇报线表示的上下级关系图），但这样的组织图不适用于麦肯锡的团队。在麦肯锡，没有人会按照合伙人的指示工作，每个管理顾问也不是由经理安排工作的部下。

我被要求时刻牢记的，是图/表8以自己为中心的放射状的组织图。这意味着“对于自己的工作来说，自己就是领导，你只需要考虑如何利用包括合伙人与经理在内的相关人员，使你的工作成果最大化”。

图/表8　放射状的组织图

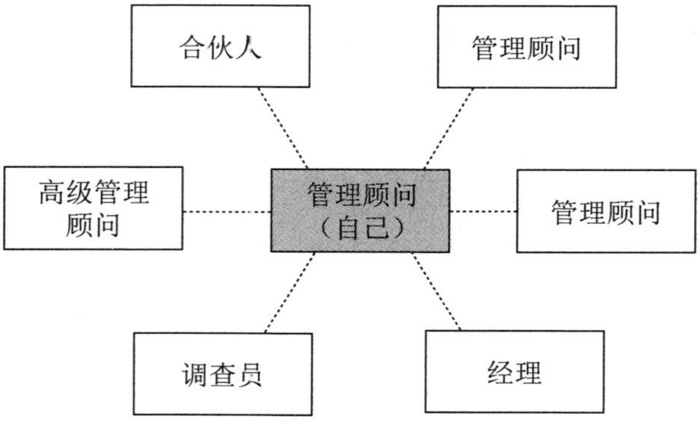

如果位于正中间的自己是舞台导演，那么合伙人就是男主角，经理是女主角。他们的薪水比你更高，知名度和地位也比你更高。即便如此，给他们创造舞台，带领他们取得成功的人却是导演，也就是你。所以“考虑如何利用上司，也是你的工作”。

假设一名新人管理顾问进行调查分析之后，在经理与合伙人都出席的会议上进行说明。对于一般的企业来说，这是“下属将自己整理的资料向上级报告，由上司进行检查”的会议。但在以自己为中心的组织中，则是整理资料的本人，为了使自己的结论（对客户企业提议的内容）更加完善，而向上司与其他成员展示，从而获得更多的信息和帮助的会议。

图/表9 通常的组织图

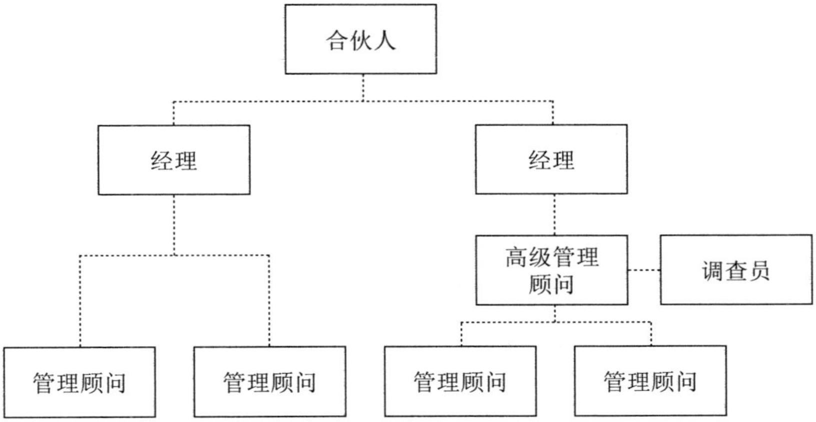

各成员在这样的会议中，需要事先考虑清楚，希望经理做什么，希望合伙人“对于提高自己负责领域的结论质量”做出怎样的贡献，并且尽量将其实现。

图/表10将会议中各成员应该做的事简明地用图表形式表现出来。在参加合伙人与经理出席的会议之前，先制作一个这样的图表，就可以更明确地掌握这次的会议应该如何进行。

图/表10　会议中需要达成的目标一览表

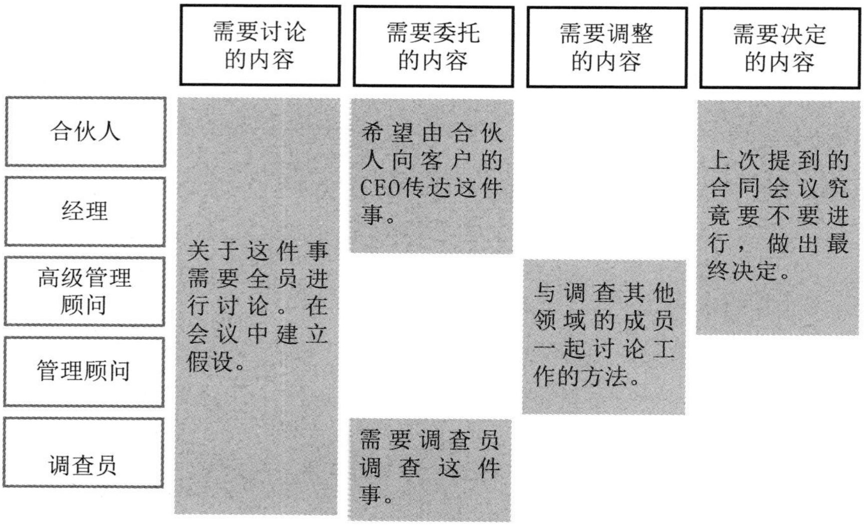

在会议中，存在“需要大家一起讨论的内容”和“需要委托给特定成员的内容”以及“需要最终决定的内容”等需要达成的目标。事前将这些目标整理出来，在会议时间内将这些目标一一实现，就是具有会议领导能力的行为。

有时候，还可以先将这个图表展示给参加会议的成员，让他们知道你想在这次会议上讨论的内容。当然，出席会议的成员，大家都有自己想要达成的目标，也就是“希望在会议上决定的内容、想要讨论的内容”，所以必须进行妥善的安排，才能让大家的注意力都集中在自己负责的领域上来。

换句话说，前文中提到的那个放射状的组织图，存在于每一位管理顾问的脑海中。而且在每个人的图中，自己都处于中心的位置。也就是说，所有人都认为“自己是舞台导演，要带领其他成员取得成果”。

或许有人会想“如果每个人都以自己为中心进行思考，那会议不是会很混乱吗”。但并不会出现这种情况。因为所有人的目的都是相同的。

所有成员都拥有“今天的这次会议应该讨论的是对解决客户企业的问题最有贡献的问题”的判断基准。因此，每个人会将自己的会议目标“希望通过会议实现的内容”，与这一基准进行比对，然后排列出先后顺序。而拥有最重要问题的成员，就会在这次会议中发挥领导能力。

也就是说各成员需要尽可能地在会议上提出对顾客企业来说具有最高价值的问题。所有成员都能够判断出这是具有讨论价值的问题。反之，那些不重要的问题也自然不会得到其他人的重视。

这样一来，所有成员都会自然而然地产生出“尽可能聚焦于对团队取得成果具有高度贡献的问题”的想法，从而成为他们提高工作效率的重要动机。

■ 基本动作4：站在白板前面

经常问自己“是否创造了价值”，可以使你不拘泥于过程，而专注于结果（成果）。经常要求自己明确地表达出自己的意见，可以训练你“做决定”的能力。同时你还需要掌握利用上司的知识和判断力以及人际关系网络，来帮助你实现成果目标的方法。这一切都是掌握领导能力必不可少的关键技术。

当你掌握了这些技术后，接下来就需要综合运用这些技术，通过解决团队遇到的实际问题来进行实践训练。而为你准备的舞台，就是被称为综合团队的公司内部组织的活动。

所谓综合团队，是与为客户公司服务的项目组（客户团队）所不同的，与公司内部的各种活动有关的团队，在公司内部有很多这样的团队。其中最著名的当属为了培养管理顾问对某个特定产业或领域的知识而成立的专业研究团队，除此之外还有与录用和培训相关的人力资源团队、组织忘年会和旅行等各种活动的后勤团队等。

综合团队的重要职责之一，就是培养人才。我刚入职的时候，所有入职第一年的人都被安排到组织公司内部活动的后勤团队中。虽然这看起来是一个没有任何对外风险的团队，但这个团队所服务的人群，却是世界上最难伺候的麦肯锡的管理顾问们。

比如在策划忘年会的时候，首先会被询问“忘年会的风格是什么”。我刚入职的时候，提出旅行的主要活动应该采取多数投票制，但却立刻遭到反驳说“不能多数投票，应该在根据事实和理论分析的基础上，建立应该选择哪种方案的假设来进行提议”。尽管只是公司内部的活动，但从情报收集和分析的方法论到根据逻辑思考导出的结论，一个都不能少。

新人管理顾问在经历了这些活动后，会实际学到在团队中实现自身使命的方法。在这样的情况下，即便是新人管理顾问，也需要能够立刻“站在白板前面”。在管理顾问行业，这是表示你具有讨论的领导能力的象征行为。

站在白板前发挥讨论的领导能力，需要能够在会议参加者发表的意见中找出论点并进行整理，明确讨论的重点，推动停滞不前的会议继续前行，也就是需要具备各种各样的能力。通过这种“站在白板前”的经验，新人管理顾问可以训练自己具备作为会议领导的能力。

■ 学会之前就要做

入职麦肯锡的人都知道，自己“总有一天”需要发挥领导能力。但从日本的企业跳槽过来的人常常会认为“在成为经理之前，不需要具备领导能力”，应届毕业入职的人就更悠闲地认为“自己早晚能够发挥出领导能力”。但实际上，所有的管理顾问在入职第一年就必须具备领导能力。

原因之一在于，项目组中每个管理顾问所负责的业务范围都非常广，哪怕只是为了在自己负责的领域中取得成果，也需要与许多组织和个人进行合作。认为自己刚刚入职，或者只是刚刚毕业的学生，就会有经理每天与自己一起工作并对自己进行指导，那就大错特错了。

因为管理顾问经常需要前往客户企业的生产现场和销售现场，所以就算是同一团队的管理顾问，一般情况下也都是分别行动。所以每一个管理顾问都需要尽快适应独立工作，在客户企业面前不能依靠别人，必须凭借自己的领导能力来推动工作进展。

另外关于自己负责的课题，需要召集来自全世界的专业管理顾问们一起开会时，出席会议的人包括比自己地位更高、经验更丰富、年龄也更大，甚至从未见过面的外国成员，这就需要你从会议的设置到当天的讨论，全程进行掌控。当然，在这样的会议中，你将一些工作拜托给上司也无可厚非，你不必自己去做所有的事。但即便是新人管理顾问，也需要以自己为中心，能够发挥动员大家，推动会议前进的领导能力。

实际上，并不是每个人在一开始都能够顺利地做到这一点。但是，麦肯锡采取的是通过OJT（on the job training / 在职训练）训练领导能力的方法，不是由前辈给你做示范直到让你学会为止的模式。在绝大多数的情况下，都是由你亲自尝试，只有你确实做不到的时候才会有人来为你提供帮助。也就是说，不是“直到你掌握之后，才发挥领导能力”，而是“立刻发挥领导能力，从实在做不到的部分，学习下次应该进行怎样的改善”。

当你在一定的条件下发挥出领导能力后，就会被安排更加困难的任务。比如你成功地领导了一个全部由日本人组成的团队，那么接下来就会交给你一个由多国籍成员组成的团队。如果你成功地完成了一个普通的项目，那么接下来就会交给你一个预算和日程都非常紧张的紧急项目。这样你的领导能力就会逐渐得到强化。通过在各种条件下积累的领导经验，管理顾问会培养出“不管面对怎样的困难都能够做到”的自信。

在麦肯锡，任何人在必要的情况下都可以发挥领导能力。在这种情况下，没有上司也没有部下，没有合伙人也没有经理。

如果出席会议的成员之间具有尖锐的对立和利益冲突，而你又作为讨论领导引导会议的进行，那么如果你的能力不足，很有可能导致会议讨论停滞不前。在这种情况下，如果有人能够从其他的角度提出切入点，使出席者的情绪平复下来，并且整理论点重新展开讨论，那么会议就可以继续进行。

我就曾经好几次得到过这样的帮助。而且在麦肯锡，帮助你的人不一定是“上司”。有时为你提供帮助的人可能是比你更年轻的成员，或者经验阅历没有你丰富的成员。如果是日本企业的会议，当部长主持会议的时候，不管会议进展得多么缓慢，作为部下的普通社员都不能在这种情况下发挥领导能力，推动会议的进行。但对于受到过“为了取得最大化的成果，该出手时就出手”教育的年轻管理顾问来说，完全没有那样的顾虑。

我刚入职不久的时候，一个管理顾问经验比我丰富，但年龄比我小很多的成员在顾客面前帮我解了围，我为自己的能力不足感到很羞耻，陷入悲伤失落的情绪之中。但同时我也开始认真地思考“自己究竟差在什么地方，应该掌握什么能力才能避免这样的情况再次出现”，并且暗下决心“下次一定要自己搞定”。

如果“在自己能够胜任之前都在后面跟着前辈学习”，肯定不会出现我那样丢人的情况。但正因为在能力不足的阶段就亲自上阵，才能够强烈地意识到彼此之间的差距。

■ 找到自己的领导风格

在麦肯锡，关于你自己的领导风格和能力级别，会定期地得到反馈。除了每个项目都会进行的业绩考核（与经理和合伙人一起开会）之外，在与同事一起喝咖啡或吃饭的时候也会得到一些意见与建议。当然也有自己主动提出“那种情况下，还有其他方法吗”，征求反馈的情况。

另外，在正式的培训中，关于“什么是领导能力”“掌握领导能力的方法”也作为讨论的主题被频繁地提及。比如针对某一案例，大家会围绕着在什么情况下需要何种领导能力展开讨论，对于那些进展不顺利的案例，大家则会讨论究竟出现了什么样的问题。像这样，将理论学习与日常实践相结合，可以使管理顾问们更加系统地掌握领导能力。

与自己一起工作的成员提出的意见也很有价值。因为有时候你认为“可能有些过火”的言行，在别人看来却是“顾虑重重，不知道想要表达什么”（也可能出现相反的情况）。

特别是在全球化的大趋势下，日本人必须“提出更加明确的主张，用更加直接的方式进行交流，才会使成员明白应该如何工作”。在不同的文化中自己究竟应该采取怎样的领导风格，关于这个问题就非常需要得到大家的反馈。

在这里简单地为大家介绍一下麦肯锡的人事评价系统。管理顾问在完成每个项目或者每隔半年的时间，都会接受一次被称为人事考察的评价。届时，关于这个管理顾问在过去项目中的活动和成果等相关的情报，都会得到全方位的仔细审查。

考察主要是为了判断这名管理顾问是否符合升职的要求以及对业绩进行评价，同时合伙人们还会召开“人才培训战略会议”，讨论应该如何将这名管理顾问培养成合伙人。合伙人们聚集在一起，对各个管理顾问的长处和短处进行详细的分析，研究应该如何发挥和加强长处，如何改善短处。

当然管理顾问本人也可以提出自己比较关注的领域，以及希望任职的地点，“经过怎样的过程，成为合伙人”（这一过程在管理顾问升任为合伙人之后也不会结束，同样的考察在升任为合伙人之后仍然继续）。

也就是说麦肯锡的考察，可以得到自己在组织内部晋升的相关建议，并且是策划如何使自己得到进一步成长的战略机会。其中最需要引起重视的就是“你想成为怎样的领导”这个问题。你需要频繁地与其他合伙人交流，自己究竟想在什么领域，用怎样的领导风格率领什么样的组织，你想成为什么样的领导。

有时候当你提出“我想成为这种类型的领导”的愿望时，还会得到“以你的资质和条件恐怕有些困难，不如试一试这种（另一种）类型的领导或许更适合你”之类的建议。

通过这样的交流，管理顾问会逐渐意识到“自己究竟应该成为怎样的领导”“什么才是适合自己的领导风格”。一旦意识到目标并不符合自己的领导风格，那么就应该立刻改变目标。由于在组织内部拥有各种类型的领导，所以可以找一个适合自己的榜样来向其学习，积累经验。正因为麦肯锡是一个力求将每一个人都培养成为领导人才的组织，所以“应该怎么做，成为怎样的领导”是在正式的人事评价过程中最为核心的话题。

这样一来，即便是在入职前从来没有领导能力这一概念的土生土长的日本人，入职后也能够在短时间内具备一定程度的领导能力，并且开始主动地思考“自己应该掌握更强的领导能力”。

在麦肯锡这样的全球化公司，只要工作两年，就会有与许多不同国家的人共同领导项目的经历。与外国的管理顾问一起工作之后，日本人的领导能力也会变得更加丰富多彩和积极。另外，你还会发现，即便是看上去非常具有攻击性的欧美型领导，实际上也是非常细心而且关怀下属，通过周到的准备来带领团队进行工作。

尽管发挥领导能力是一件很辛苦的事，但同时这也是非常愉快的经历，而且所能够取得的成果非常大，能够使你产生前所未有的成就感。从此以后，领导能力将不只是你在麦肯锡生存下去的必备资质，更会成为你主动追求的目标。

/专栏/

白领阶层的工作机会也跟着外移?

如今，很多欧美企业都在全球范围内展开了业务，商业活动不再以国家为单位，而是以更加广阔的地域为单位开始进行统一。比如现在已经不再以肯尼亚或者南非等个别国家为目标，而是以统合撒哈拉南部的非洲市场为目标开展“非洲业务”。同样的情况也发生在亚洲。

比如在中国香港地区和新加坡将亚洲地区的办公功能统合，在亚洲各地（各国），根据当地条件，分散配置经理、法务、人事、市场、IT等各个部门。

比如，亚洲总公司的经理部门设置在菲律宾，那么该地区内的经费处理和薪水支付处理都在菲律宾（在线）进行。因为发票在任何国家都是固定的，日期和金额都可以非常简单地判断出来。接下来只要识别发票上的“taxi”和“JR,Tokyo to Osaka”之类的字样就可以在异国进行处理。

如果想要解决电脑问题，不管你的办公室位于什么地方都可以通过电话接通到印度的IT技术支持团队。人事工作也是如此，位于新加坡的亚洲HR总部，通过互联网收集各国应聘者的英语简历并且进行审查，通过skype进行最初的面试，只有最终面试才在当地进行。至于对应届毕业生的说明会，可以选择一个时间段来集中进行，只要从新加坡到日本出差两个月左右的时间就可以全部搞定。

通过这样的体制，各国录用的白领人数也会随之产生变化。以前选择像在日本这样市场（购买力）较大的国家录用员工，但现在则开始转移到“适合这项工作的国家”录用员工。这就和为了降低成本而在其他国家建立工厂，导致工人阶层的工作机会外流的情况相同。

所谓“适合这项工作的国家”，就是地区内的沟通良好、优秀的人才资源丰富、社会成本更低的国家。由于成田机场距离市中心较远，再加上经济成本较高，这些情况都对日本不利，但更严重的问题在于，日本缺乏这些企业所需要的优秀人才。

这些公司追求人才的条件，就和本文最初所提到的麦肯锡追求的人才条件是一样的。

①领导能力

②天资聪颖，或者对个别领域非常熟悉

③英语能力

正如前文所述，日本虽然有具备条件②的人才，但同时兼备①和③的人才却严重缺乏。因此亚洲总部的工作机会，只能由亚洲其他国家的候选人来填补。

如果采取这一体制的只是欧美企业的话，或许问题还不大。但就像制造行业，日本也继欧美企业之后不得不将一半以上的部门转移到海外一样，白领部门也早晚会出现这种情况。

在菲律宾维持经理部门的成本，要远远低于在日本维持经理部门的成本。就像在日本维持工厂极度困难一样，在不远的将来，或许对日本企业来说，“在日本维持经理部门”也会变得非常困难。

尽管发生在蓝领职业上的情况，也开始出现在白领职业上，但其中仍然存在着区别。对于在工厂中工作的劳动者来说，最重要的条件是工资。另外，蓝领工人只要接受基础的义务教育就足够了，不需要接受过高等教育的人才。但随着日本经济的成长，薪水与教育水平都得到提高的日本劳动者，失去制造部门的青睐是不可避免的情况。

但白领需要的不是工资低廉的人才，而是能够用英语发挥领导能力、运用专业知识率领整个亚洲团队的具有高附加价值的人才。日本究竟是能够大量提供这样人才的国家，还是需要大量雇佣这样人才的国家，完全取决于今后日本的大学和企业对人才培训的方法。

第六章

对“领导者不足”的问题缺乏认识

■ 不可或缺的培育系统

在麦肯锡以外的地方，也经常会出现将来具有极大发展潜力，可能成为优秀领导的年轻人。这些人可能在互联网行业工作，可能在日本的快餐店或者服装企业的亚洲区域任职，也可能在菲律宾、越南、印度等海外地区开展与日本相关的事业。不管他们的事业最终结果是成功还是失败，他们都在每天的工作中无师自通地掌握了领导能力。

他们中的绝大多数都在小微企业或者私人企业中工作，而且都不是一流大学的毕业生。即便如此，他们的成长速度却毫不逊色于在管理顾问企业中接受过系统训练的年轻人，而且具备更加丰富的实践经验。每当我看到这些人时，都会深刻地意识到，宝贵的经验可以使人迅速地得到成长。

但从整体上来看，在上述环境中工作的人数非常有限。实际上在日本大企业的技术工作者中，也有被任命为与海外企业共同开发的项目组成员，在全球化的环境中锻炼领导能力的人。但这些人不但数量更少，而且当项目结束他们回到之前的公司之后，再次回归年功序列型的组织结构之中。不管他们积累了多么宝贵的经验，掌握了多么丰富的领导能力，要想得到经营权限，还是要等待几十年的岁月，甚至有些人在这个过程中又重新变成了具有日本特色的组织成员。

日本人既不缺乏领导资质，也不缺乏领导的适应性。但因为缺乏制度的、社会的领导培育系统，所以这个国家的领导数量，以及年轻人接受的领导教育的质量，都处于非常低的等级。所以现在日本的领导数量严重不足。这也是目前日本社会出现种种问题却迟迟得不到解决的最主要原因。

■ 令人绝望的“全球化人才”

如今在日本的所有领域，都出现了由于领导能力不足所导致的问题。要想解决这些问题，不能依靠偶然，只能依靠培育领导的系统。但现在人们并没有认识到建立领导培育系统的必要性。

比如最近经常听到的“全球化人才”这个说法。每当我听到这个词，都会感到非常绝望。因为这说明日本社会现在仍然没有认识到领导能力的重要性。

所谓全球化人才，指的就是“能够在全球范围内发挥能力的人才”。麦肯锡也常说要培养全球化的领导，但“全球化人才”和“全球化领导”这两个词，在意义上具有很大的差异。差异主要在于，一个是“世界培养起来的人才”，另一个则是“日本社会认为必要的人才”。

图/表11　人才需求模型

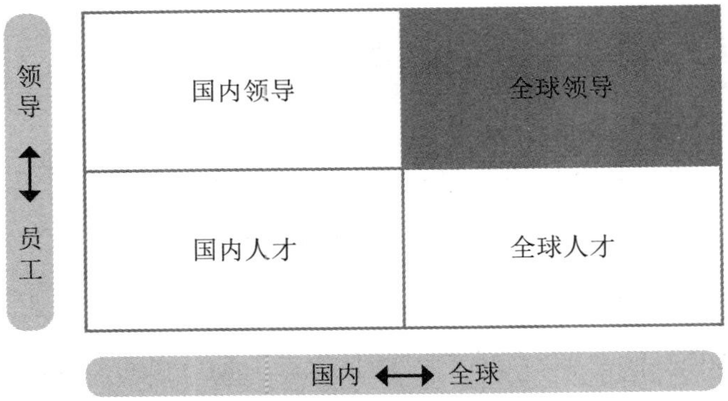

请看图/表11。现在日本拥有的是左下的国内人才。这部分的人才其实指的是优秀的员工，也就是说现在可以保证的是“日本国内优秀的日本人员工”。

最近“全球人才”的重要性一再被提及。但这个概念指的好像是在海外工作的优秀（日本人）员工。用图/表11来说，不只是左下的人才，还包括右下的人才。

但在我看来日本最大的问题在于，“虽然存在优秀的人才，但是却没有优秀的领导”。代表日本的家电企业不管在哪里都存在着巨额赤字，主要事业连续多年都无法取得利润的问题究竟在哪里？是因为没有优秀的员工吗？恐怕不是。在这些企业中，以技术者为中心，拥有着许许多多的优秀人才。可是他们的能力却没有被灵活地应用在提高企业价值上，实在是让人感觉非常可惜。

明明拥有那么多优秀的人才，企业却陷入无法取得利益，甚至看不到未来的状态之中，不是因为没有“全球化人才”，而是因为没有“优秀的领导”。

日本人才的问题在于，明明有许多优秀的人才，却没有优秀的领导，用图/表11来说，缺乏的不是位于下方的人才，而是位于上方的领导。

渴求全球化人才的日本企业，还没有认识到当今日本缺乏领导的深刻问题。他们所想的只是“要将商品卖到全世界”。所以他们认为“需要会说外语，能够在海外也和在日本一样生产销售商品的全球化人才”。

确实，日本的生产人口和年轻人口正在逐年减少，日本市场的销售额已经很难得到提升。另外，位于日本的工厂生产的商品的成本也相对较高。所以不管是制造还是销售，都应该积极地向海外进行转移，所以企业不仅需要能够在国内发挥能力的优秀人才，还需要在海外也能够发挥同样能力的全球化人才。这一点其实并不难理解。

但这些企业却没有认识到，因为没有领导，所以在面对风险时没有人做出果断的决定；因为没有领导，所以没有人能够及时地做出判断；因为没有领导，所以在关键时刻总是踌躇不前；因为没有领导，那些本应退出的事业却没能及时抽身，结果导致赤字不断攀升……他们所意识到的，只有“日本市场变小了，所以应该开拓海外市场”这样一个领域变化的问题。

现在日本以及日本企业需要的，真的是“能够说外语，能够在海外进行开发、生产、销售等传统产业的人才”吗？这样的工作为什么不找当地人，有专门找日本人来做的必要吗？

上述的答案都是否定的。日本以及日本的企业真正需要的是具备如下能力的人才。

能够在海外率领当地的员工，进行开发、生产、销售等传统产业，在海外也能够发挥能力的领导。

同海外收购、合作的企业员工一起，进行事业企划和解决问题的领导。

或许会有人说“我们就是将这样的人称为全球化人才”。但在世界范围内，这样的人被称为全球化领导。我不理解为什么日本人如此回避“领导”这个词。用“人才”这个词来涵盖领导能力这一要素，是否说明了他们认为领导能力并不是重要的资质呢？

如果他们所谓的“优秀人才”也需要具备领导能力，那么当今的日本企业和组织，也就不再会有“领导能力不足”所带来的问题，但事实真的如此吗？

日本在缺乏领导和领导能力的同时，还缺乏“对领导能力重要性和必要性的认识”。而最能够暴露出这一问题的现象，就是“全球化人才”这个词的流行。

■ 定义错误的“优秀人才”

以领导能力这一概念为中心，世界和日本对“优秀人才”的定义存在着非常大的差异。在任何一个国家，对于那些开发出具有划时代意义产品的人、取得极高营业成绩的人、取得优秀成果的人，都会称之为优秀的人才。但对于“具备怎样资质的人属于优秀”这个问题，却存在着极大的差异。

欧美对优秀人才的定义中，必不可少的项目之一就是领导能力（其他还包括“创造力”“独立思考能力”“判断力”等）。

但在日本，只有极少数企业将领导能力作为判断优秀人才的条件。比如经济产业省在2006年提出的“社会人基础能力”的概念，强调从今往后日本需要培养具有三种资质的人才，但其中却完全没有涉及领导能力（参考图/表12）。

在国家提倡的人才培养计划中，居然完全没有涉及领导能力，这在当今世界中也可以说是非常“独特”的情况。

图/表12 社会人的基础能力

什么是社会人的基础能力

经济产业省在2006年提出“在职场和地域社会中与多种多样的人共同工作所必不可少的基础能力”。

<三种能力/十二个能力要素>

前进的能力（action）

敢于前进，就算失败也仍然坚持不懈的能力

- 主体性：推动事物前进的能力
- 激励的能力：激励他人共同前进的能力
- 实行力：设定目标坚决执行的能力

思考的能力（thinking）

提出疑问，进行思考的能力

- 发现问题的能力：对现状进行分析，明确目的与问题的能力
- 计划力：明确为了解决问题的过程并且进行准备的能力
- 创造力：产生新价值的能力

在团队中工作的能力（团队合作）

与多种多样的人一起，齐心协力达成目标的能力

- 传达力：通俗易懂地传达自身意见的能力
- 倾听力：认真倾听对方意见的能力
- 灵活性：理解不同意见和不同立场的能力
- 状况把握力：理解自己与周围的人和事之间关系性的能力
- 规律性：遵守社会规则和与他人约定的能力
- 抗压力：抵抗压力的能力

正如经济产业省提出的不是领导能力而是团队这一概念一样，日本传统的组织需要的不是领导，而是“适合作为团队或组织成员的人才”。具体就如图/表12所示，是能够遵守规律、把握状况、控制压力的人。

如果是管理职务，需要的是能够对组织事无巨细地进行管理的人；如果是部下员工，需要的是能够进行报告、联络、商谈等，在组织内部进行信息共享的人。不管处于何种立场，日本要求的都是能够在组织内部融洽工作的人。

根据我与日本企业培养的许多人才进行交流的经验，我发现日本的组织认为的优秀包括以下几点：

专业性强。

协调性好，遵守组织规则。

能够迅速准确地处理问题。

虽然这些人堪称优秀，但与欧美企业所认为的优秀人才之间却有很大的差异。虽然欧美也有很多企业对专业性和技术能力有要求，但却很少有企业将协调性、秩序性和准确的处理能力作为评价优秀人才的要素。

另外，优秀的专业性，是与领导能力同样重要的资质。当然在任何国家都有独自一人在实验室里取得具有划时代意义的研究成果的研究者。但绝大多数的研究者为了获得研究资金，不但需要进行强调“自己的研究具有多么深刻的意义”的市场活动，有时还需要与企业合作开展项目。

日本在许多年以前就开始出现博士人才过剩的问题（取得博士学位却无法得到正规雇佣的问题），究其原因也是领导能力不足所导致的。

在学生人口不断减少的日本，如果再人为地增加博士学位数量，很明显不可能每个人都获得讲师的工作机会。但真正的问题在于，为什么取得博士学位的人，不能在大学以外的地方作为正式员工得到雇佣呢？

一般来说，日本企业对于拥有专业知识的人都会给予很高的评价。既然如此为什么他们却不雇佣博士呢？我认为原因在于这些博士“除了专业知识之外别无长处”。如果他们除了专业知识之外，还具备解决问题的能力，是一个拥有领导能力和发展潜力的人，那么这些人在企业的就职状况肯定会大不相同。

如果能够自己通过宣传研究内容寻找赞助商筹备研究资金，与企业进行交涉争取共同开展研究的机会，或者率领包括海外研究者在内的具备一定规模的项目组团队取得一定的成绩，那么这个人肯定会得到企业的追捧。实际上包括麦肯锡在内的外资企业，绝对会优先雇用像这样具有领导能力的博士人才。

与欧美相比，稍微增加博士学位数量的方针并没有错。为了增加拥有丰富知识，能够创造高附加值的人而进行的教育投资，是作为发达国家的必然选择。问题在于，日本对于领导能力这个概念的理解并没有跟上。日本人认为只要头脑聪明就可以出人头地，但实际上只拥有丰富的专业知识和聪明的头脑而缺乏领导能力，是无法在当今社会立足的。

如果日本能够更早地认识到领导能力的重要性，树立“增加能够得到全世界认可、拥有领导能力的博士人才”这样的目标，那么现在的结果肯定会大不一样吧。

此外，日本“优秀人才”的问题还在于，他们个人取得的成果要远远大于通过团队所取得的成果。在这个国家，越是优秀的人才越认为“与大家一起做相比，自己一个人做更好”。

虽然日本人总是说“美国是个人主义，日本是组织力”，但实际情况却完全相反。日本从高中、大学到大学研究所的升学，可以说百分之百都是由个人的成果所决定的，但美国有超过半数的学校，在入学时需要提供的资料中，都必须详细地列出过去的团队经历和团队取得的成果，以及你在那个团队中负责什么工作、发挥了什么样的领导能力。

开始工作后的人事评价也是如此。在日本，除了管理职务之外，其他职务的评价基准都是个人的工作成果。只有管理职务才会考察其团队的成果。但在麦肯锡，从新人到合伙人，几乎所有的评价都是以“团队成果如何”+“你对这一成果做出了什么贡献”为基准的。

在现实社会中，个人如果脱离集体和组织几乎无法取得任何成果。但在日本的教育现场，却对团队经验没有任何要求。结果学生在走入社会后，当然也无法领导组织取得成果。

如果一个人认为“与团队相比，独自一人能够取得更高的成果”，那么肯定没有人愿意在他的领导下工作吧。只有认为“与独自一人相比，团结大家的力量才能取得成果”的领导，才会使其他人产生出“自己也在这个团队之中”的认同感。这样一来，才是真正能够运作起来的组织结构。

从2011年发生的福岛第一核电站泄漏事件，就可以看出同样的问题。在核能发电方面，美国与法国拥有与日本同样先进的技术。曾经发生过切尔诺贝利事故的苏联也可以作为前车之鉴。但不管是负责日本原子能行政的经济产业省，还是事故的当事人东京电力公司，都非常缺乏拥有率领全球化的团队解决问题经历的领导。

问题发生之初，全世界之所以对日本的应对措施抱有极高的不信任感，就是因为日本的当事者没有向国际原子能机构（IAEA）和欧美各国的专业企业表示出“共同解决问题”的态度。他们由始至终都在强调“我们会自己解决问题，请不必担心”。

仅凭自己解决问题，在日本被认为是“不给别人添麻烦，具有责任感的对应方法”。但这种态度，在认为应该集合一切有关人员依靠团队来进行解决的欧美国家看来，却像是“对实情有所隐瞒”。

福岛第一核电站泄漏事故，不只是日本的事故，而是可能影响到全世界原子能发展和政策的世界性事件。害怕这一事件会影响到本国原子能政策的海外原子能专家们，希望能够共同解决这一问题也是理所当然的。

在面对压力极大的紧急事件时，要与和自己不同组织的人共同解决问题确实并非易事。在这种情况下，缺乏领导能力的经验就会变成非常深刻的问题。如果日本有更多拥有丰富的率领多样成员的团队的经验的人，或许日本在这件事情的解决上有更好的方法吧。

■ 不要明星领袖

关于领导能力需要说明的一点是，日本缺乏的是“领导能力的容量”。这也意味着“日本的领导能力的总量”不足。

也就是说，日本的问题不是没有明星领袖，而是能够发挥领导能力的人数太少。其实在日本，各行各业也存在着少数杰出的领导。但在这个国家，领导能力的总量却严重不足。

日本经济处于长期的停滞甚至衰退之中，迟迟无法摆脱这一状态。而作为国家领导的总理大臣却频繁更换。总理大臣频繁更换在技术上的原因，可能是政治制度，以及每个月媒体进行的支持率调查等。但最根本的原因在于，如果新首相在短期内无法取得成果就会失去国民的支持。而没有国民的支持，议员们就会产生“这个首相在下次选举中无法获胜”的想法，结果导致首相任期都很短。那么我们为什么这么快就对新首相失去了耐心呢？

我认为原因在于，绝大多数的国民都认为“只要更换领导，就可以在短时间内一下子解决任何问题”。而在当权者中也存在着“肯定会出现仅凭一己之力就能够改变日本困境的超级领袖，这样的人一定是存在的”这样的意识。而在这个人出现之前，人们会不断地产生出“这个首相又不行……”的失望情绪，继而频繁地更换首相。

但是，一下子扭转困境对任何人来说都是不可能的。就算出现一个像坂本龙马那样的人也不可能改变日本的现状（即便在当时，坂本龙马也并非凭借一己之力改变一切）。一个拥有一亿人口的国家，怎么可能仅凭一人之力就使其产生戏剧性的变化呢？

最近，小泉纯一郎大概被认为是最具有领导能力的首相，但即便是他，能够改变的事情也是非常有限的。实际上，别说改变整个国家，就连对政治中枢——霞之关进行改革都需要更强的领导能力。

渴望出现一个伟大的领导者，希望有人能够挺身而出一下子改变当前困境的想法，源自对他人的依赖思想。源自自己只想平凡地生活下去，但希望有一个了不起的人出现，使世界变得更好的救世主的期待。我将这种想法称为“超级明星依赖症”。对于日本人来说，领导就是超级明星，是“像神一样拥有强大力量的人”。渴望出现这种人的想法，会使人停止思考。依赖神灵改变不了任何事。

能够改变现状的，既不是神也不是超级明星，而是需要将组织的一切场所，将能够切实地主导改革的领导能力的总量，提高到一定程度。

企业经营方面也是一样。陷入困境的企业，可能会破格提拔年轻的员工作为领导，或者从外部招聘有能力的人来做领导，这个时候公司里的其他员工都会采取一种“袖手旁观”的态度。“那个人看上去很了不起，或许能够改变这个组织，让我们拭目以待。”或者“这次的社长好像非常优秀，非常值得期待”。总之就是对公司的问题采取一种旁观的姿态。

但实际上，如果一个组织里全都是这样的人，那么不管什么样的人做领导，仅凭一己之力都无法做出任何根本性的改变。新社长什么都能够解决，创造出一个五彩斑斓的未来之类的情况是不可能出现的。

能够产生改变的，是认为“要靠自己解决问题，开创一个与现在完全不同的未来。而新来的领导将带领我们实现这个目标”的组织。这种想法中的“靠自己解决问题”，说明他们已经认识到自己也必须发挥领导能力。除了公司的经营者要具备领导能力之外，公司员工之中具有“必须靠自己改变现状”意识的人达到一定数量，才能够使组织发生根本上的改变。

我之所以提出“日本缺乏的是领导能力的总量”，就是出于这个原因，也是为了与期待明星领袖和超级明星的依赖思想加以区别。我想要告诉大家的是，日本缺乏的不是仅凭一己之力就能够改变一切的明星领袖，而是工作在各行各业、数量众多的领导。

成功将陷入困境的企业拯救出来的领导，会从外部找来一些具有领导能力的人来担任组织要职。接下来会从公司内部的年轻员工中挑出具有领导能力和潜力的人破格提拔，给予权限。这样可以保证组织中具备一定数量的领导能力，从而使组织开始产生变化。

当然在这一过程中，之前因为年功或者过去的成绩而身居要职的人会遭到撤职。但只要组织内部没有足够数量的领导，一个庞大的组织是无法在短时间内发生改变的。国家也好，大企业也罢，要想进行改革，需要的不是一个具备卓越能力的明星领袖，而是具备领导能力的人超过一定的数量。

■ 紧急时期混乱的根本原因在于缺少领导者

领导能力容量不足导致的最大问题，表现在紧急时刻的应对上。如果组织全体的领导能力容量不足，那么在紧急时刻很容易出现严重的问题。

一个成员全都具备领导能力的组织，即便是面对洪水、暴乱、大事故等工作手册上没写应对方法的大事件，绝大多数成员也能够发挥自己的领导能力解决问题。

另一方面，总是按照上司的指示工作，完全由没有领导能力的人构成的组织，在遭遇前所未有的危机时，则谁都无法自己做出决定，更无法采取行动，只能等待上级的指示。

但在混乱的非常时期，上级往往非常繁忙，而且距离现场很远，无法迅速准确地做出判断。即便如此，在现场的人因为平时没有自己发挥领导能力解决问题的经历，所以完全不知道应该如何去做，只能（和往常一样）等待上级的指示。

在前所未有的灾难之中，很有可能上级决策者本身已经遇难，或者无法取得联络。这时如果部下说“这件事没有市长的同意无法决定”，那么问题可能会变得更加严重。如果没有一个人挺身而出敢于承担责任，并且根据状况做出判断的话，那么当组织遭遇紧急状况的时候机能会立刻陷入瘫痪。

即便是平时看来非常简单的事情，如果平时就没有领导能力的话，在紧急时刻也没有人能够“自己进行判断，敢于承担责任，做出指示”。平时吊儿郎当的员工，在危急时刻忽然像超人一样无所不能，这是只在电视剧中才会出现的情况。

有个说法叫作“自助、共助、公助”。自助指的是每个人凭借自己的努力来保证自己和自己家人的生活。共助指的是与附近的人互相交流互相帮助。公助指的是国家通过制度，向需要帮助的人提供支援。

在贫困的时代，最基本的是自助和传统的共助（居委会和农村合作社之类），但经济发展之后，以自助和共助为基础的关系性逐渐瓦解，而具有各种福利制度的公助变得充实起来。但最近每一个发达国家都出现了由于人口老龄化和财政困难所导致的难以扩大公助范围的问题。这时我们就需要新形式的共助来解决这个问题。可能通过志愿者、NPO，或者网络上具有同样价值观的人所组成的交流会等。

这种“自助与公助”和“共助”之间有很大的区别。那就是和另外两个比起来，共助要想发挥作用，领导能力是必不可少的。自助是基于血缘和婚姻的相互扶助关系，公助是公有资金的分配制度。而共助则是通过领导能力运转的互相帮助的系统。

过去从村支部的互助会到城镇内的居委会长，都存在一个关键的领导人。当这些人消失时，传统的共助交流也随之崩溃。要想建立新的共助系统，必须有一个人发挥领导能力，从零开始设计共助的方式，召集参与者，解决共助系统运转后出现的各种各样的问题。如果发挥领导能力建立共助系统的人不断增加，那么我们就可以在不增加财政负担的情况下，建立起更加和谐的社会。

独生子女家庭的父母，如果每当孩子发烧就叫救护车，那么公助很快就会出现财政问题吧。但是，如果家附近有丰富育儿经验的阿姨能够给这对夫妇提供一些建议的话，或者在网络上有人能够提供一些建议的话，那么这对新手父母就会知道孩子发烧绝大多数情况下只要睡一觉就好了。

共助系统越多，公助的负担就越少。反之，一个领导能力总量不足的国家，任何事情都需要公有制度用钱来解决，结果就需要巨额的预算。

同样的情况，还出现在地方的重建和经济运营上。因为缺乏领导能力（或者说完全没有），只能申请补助金来建造公共事业，为了招商引资，只能采用保证地方雇佣和资金优惠的政策。

如果对于新的土特产品开发、促进城市居民移居、吸引海外游客、教育改革等问题，地方上都有相对领域具有领导能力的人出现，那么自然就会摆脱“只能依赖补助金”的状况了吧。

今后，能够投入到公助中的资金将越来越少。这样一来，领导能力总量的高低，将是决定一个自治体成败与否的关键要素。

所以说，现在日本所发生的各种各样问题的根源，就在于领导能力总量的不足。日本缺乏的，不是专业知识也不是技术能力。日本不缺乏天资聪颖的人，日本人也没有失去勤勉的意识。日本缺乏的是拥有知识、思考力和勤勉，并且能够发挥领导能力解决眼前问题的人。

而更重要的问题是，与缺乏英语能力的问题不同，领导能力总量不足这个问题，并没有得到日本社会的广泛认可。所以无论是大学还是企业，都没有培训领导能力的体系。

日本最重视生产能力，日本的大学热衷于培养能够直接进行生产的技术者，但对于培养支撑企业管理层的领导却毫无兴趣。

一提起领导，绝大多数的人都会想到具有卓越能力的明星领袖。日本虽然没有史蒂夫•乔布斯，但任何行业任何时代都会出现一定数量的明星领袖。明星领袖不是培养出来的，而是必然会出现一定数量的。但关键不在于这极少数的明星领袖，而是在社会的方方面面，包括自己的业务领域和身边的交流范围之中，绝大多数的普通人能够在日常生活中发挥出的“领导能力的总量”不足。

/专栏/

悲惨的企业海外MBA进修制度

欧美社会与日本组织追求的人才类型存在着差异，导致日本人才走向不幸命运的，正是日本企业的人才培养制度之一——“企业公派海外留学制度”。

从1980年开始，日本的大企业开始公费派遣三十岁左右的员工前往欧美的商业学校留学（也有公费派遣公务员去外国的法律学校和公共政策学校留学的情况）。

但对于绝大多数企业来说，制定这种制度的主要目的，并不是为了让自己公司的员工在国外学到什么有价值的东西，而是为了招揽应届毕业生前来就职。在泡沫经济时期各大公司都在抢人的情况下，“进入我们公司就职，有机会前往海外留学”是非常具有诱惑力的招聘宣传。

因此，留学结束后回到企业的员工，并不能将自己在国外学到的东西活用到工作之中，有时甚至还因为“与那些没能去留学的员工保持平衡”的理由，回国后不得不被分配到自己并不喜欢的部门。

这样一来，当然很多人在留学归来后选择跳槽。在欧美的学校留学两年的人，深知可以通过跳槽来实现自己的职业规划，而且在外资企业中，只要有实力，年纪轻轻就可以得到发挥领导能力的机会。

结果，日本企业公派出国留学的员工，学成归来后却纷纷跳槽到外资企业。慌张的日本企业立刻采取了缩小留学制度的规模，为了限制跳槽而提高公派员工的年龄，回来后即使想跳槽，也很困难。再就是只派遣到跳槽意识相对较低的法律学校留学，因为商学院更能刺激他们的转职意愿。

由此可见，日本企业没有将自己公司的员工送到世界一流的商业学校，培养出全球化领导然后对自己公司的事业做出贡献的意识。日本企业在乎的只是通过留学制度吸引优秀的应届毕业生入职，然后尽量留住留学归来的员工，让他们直到退休为止都能够在公司内尽忠尽力。

结果，被公派出国的员工果然不负公司的期待，抱着“只要留学归来后不辞职就万事大吉”的想法，将两年的留学生活当作人生的悠长假期来度过了。

现在，日本企业公派出国的留学生，在欧美的商业学校中也被看作是非常特殊的人群。他们没有主要的职业规划，当被问及毕业后想从事什么工作时，他们的回答是“在辞职之前不知道”，这简直让国外的同学们惊愕不已。

不仅如此，当这些留学生第二年开始习惯了海外生活之后，就会立刻开始打高尔夫和旅行，这在其他国家的留学生看来也是非常奇怪的。这也是近年来一部分商业学校对日本大型企业和霞之关派遣的留学生限制入学的原因之一。

作为这些人跳槽目标公司之一的招聘负责人，我说这样的话可能不太合适，但我真的认为这种制度应该尽早废除。不但没能将日本优秀的商业人才培养成全球化领导，还要支付高昂的学费，这种没有任何人从中受益的制度实际上没有任何意义。

第七章

人人都要有领导能力

要想增加日本的领导能力容量，需要实现两点。

①所有人都能够在日常生活中发挥领导能力。

②经过训练后，任何人都能够发挥领导能力。

■ 任何场合都需要的领导能力

日本在进行某个重大项目的时候，“谁会（应该）成为领导”是大家都关注的问题。当发生严重事故或者有严重问题亟待解决时，首先被提起的也是解决问题的领导能力的必要性。由此可见，对于日本人来说，所谓领导能力就是在发生特殊情况时才需要的东西，而不是“日常中任何人都需要”的能力。

由于重大项目的领导，往往都是名人和专家等杰出的人才，所以“普通人没有成为领导的机会，领导能力是与普通人无关的能力”这种误解在日本人的意识里变得根深蒂固。

但领导能力本身并不是以这些特殊情况为前提的概念，而是普通人在日常生活中也应该发挥出来的、与我们的生活息息相关的能力。

比如，公寓管理委员会的会议结束后，剩下的点心需要打包带走的情况。在会议结束后，桌子上肯定还剩下没吃完的点心。由于会议室是临时租来的，所以这些东西不能留在里面。点心的数量不够所有人分，而且也不是每个人都想要。

在这个时候提出“有谁想把这些点心打包带走吗？家里有小孩子的，请打包带走吧”的人，就是具有领导能力的人。

或许有人认为这么无聊的事竟然也算领导能力，但这的的确确就是领导能力。在现场的很多人，即便看到桌子上还剩下不少点心，但却认为“这不是自己应该提出的问题”。这就是“职务”的思考方式。他们认为“只有应该发声的人，也就是主办这次会议的会长来解决这个问题就好了”。

根据在这种情况下所做出的言行，可以将人分成两种类型。第一种是发现问题时，思考“解决这个问题是谁的责任”的类型。另一种则是不管解决问题是谁的责任，会尝试着提出“这样做是否能够解决问题”的类型。后者就是具有领导能力的人。

有些人在当时认为“这应该是会长考虑的问题”而默不作声，但如果会长将剩余的点心带回家给孙子吃了，那么就会遭到这些人“不应该那样做”“缺乏公平性”之类的抱怨。但在事后说这些都已经于事无补，有问题应该当场提出。自己不发挥领导能力，却在背后说三道四，这是完全不负责任的表现。这个世界不是因为“某个人”而运转，而是在“每个人”的努力下，才变得更好。

用管理委员会的会议作为解释领导能力的例子或许不太恰当。但如果将其换成灾难发生时在避难所分配午餐的情况，其意义就会更加明显。

避难物资中的午餐数量可能少于难民的数量。而就算数量足够，根据物资数量和人数的关系，或许也要进行合理的分配，比如给某些人面包，给另一些人饭团子。

在这种时候就需要一个人来决定公平的分配方法，这个人可能是市政府的负责人或者居委会会长，但如果这个人迟迟不出现，那就需要有人提出食物的分配方法，并且在征求大家的意见之后进行分配。等待别人做决定的人，就是采取“职务”思考方法的人，而提出分配方法的人，就是具有领导能力的人。

其实在日常生活中，不管问题的大小，都会有发挥领导能力的机会。而在日常生活中无法发挥领导能力的人，在重大项目和突发情况中，也无法发挥领导能力。在管理委员会的会议结束后无法做出善后提议的人，在紧急时刻的避难所里也很难发挥领导能力。

电车因为事故停止时的应对，总会让我感觉到日本是没有发挥领导能力习惯的国家。当电车因为人身事故等原因停止时，出租车乘降站上立刻会排起长长的队列。

国外遇到这种情况，肯定有人立刻开始组织拼车。在这种情况下，一个人一辆出租车是非常没有效率的。顺路的人可以搭乘同一辆出租车，费用也可以均摊，不但节约时间还能节约金钱。最重要的是，所有人都可以尽快抵达目的地。由于大家都是搭乘同一趟电车，所以目的地很有可能都在同一个方向。

但在日本，即便是在这种情况下，也很少有人主动提出“我要去××方向，有人要和我拼车吗”。大家都默默地排队，等出租车来了之后一个人迅速地上车离去。

我经常对这件事感到不可思议（我在上车之前都会用后面的人能听到的声音询问一遍）。在日本这个国家，如果有对出租车搭乘方法做出指示的工作人员，那么大家都会老老实实地按照指示和别人拼车。比如车站的工作人员用喇叭喊话“由于现在乘客太多，请大家尽量拼车出发”，然后先询问排在前面的人，接着对排在后面的人问“有没有去××方向的人”。在这种情况下，所有人都对拼车没有任何抱怨。这就是日本人。

但如果没有这样负责做这件事的人，那么谁也不会产生出自己来做的想法，这就是日本人的特征。日本人认为，解决问题是“以此为义务的人的工作”，而自己则既不应该那样做，也没有必要那样做。

在排队等出租车的人之中，肯定也有在心中思考“是否应该询问一下别人”的人。但是，对于那些平时没有发挥过领导能力的人来说，在不认识的人面前发挥“更有效率地搭乘出租车的领导能力”是非常难为情的，他们不习惯这样做也对这样做感到恐惧，所以迟迟无法踏出第一步，不敢发出第一个声音。结果大家都默默地排着长队，一个人搭乘一辆出租车。

其实在日常生活中，经常会出现像这样需要发挥领导能力的情况。即便没有重要的活动，你也可以通过平时的工作来了解一个人是否具有领导能力。

更进一步说，领导能力这个概念，甚至不需要以团队的存在为前提。就算只有两个人，也可以区分出有领导能力的人和没有领导能力的人。

比如只有两个人开会讨论工作内容时，A先生为了推动会议进展而进行提问、确认和总结，当讨论出现偏差时把话题拉回来，进行时间管理在会议时间内解决所有问题，引导会议顺利进行，而B先生在回答问题时顾左右而言他，那么在这场会议中，可以说发挥领导能力的人是A而不是B。

在会议开始后，首先确认“今天的会议要解决的问题都有什么”，然后做出“首先从这个问题开始，最后讨论这个问题。争取在一小时内结束”这样安排的人，就是领导。

像这样的领导能力，即便没有特别的活动，没有许多人参与，仍然在日常生活中非常重要。而且那些能够在关键时刻发挥出卓越领导能力的人，最初也是通过这样的小事一点一点锻炼出来的。

■ 不以上司的判断为准则

在大家的公司里有没有这样的会议呢？每周一次所有部门都参加的全体会议。大概三个小时，各个部门的负责人汇报关于业务的进展情况。但在某一部门进行汇报时，倾听的只有领导，其他部门的负责人都在等待轮到自己进行汇报。

一个部门汇报工作内容不需要全体部门都来参加会议，如果是为了共享情报，只要之后看会议记录和资料就足够了，但是全体部门的人却每周都要这样被束缚三小时。对于绝大多数的人来说，都认为这种会议是在浪费时间。

对于这种会议，“每周都毫无怨言地准时参加”或者“因为是浪费时间，所以带上资料和PC做其他的工作”的人，都是没有领导能力的人。

认为“是否应该改变会议的形式”并且邀请上司一起共进午餐，进行非正式提议的人，就属于具有领导能力的人。而在会议中直接提出“这个会议的形式应该进行改变”的人，则属于具有较强领导能力的人。

对上司做出非正式的提议，是非常具有日本特色的“职责与领导能力之间的折中方案”。这种方式意味着，解决问题是上司的职责，但如果上司没有意识到，就非正式地提醒一下。虽然这种方式也可以，但绝大多数人在随后没有取得改善的情况下，都不会采取进一步的行动。因为他们认为，一旦自己提出建议后，即便负责的人没有解决问题，自己的任务也完成了。

但是有领导能力的人会认为“这个问题或许应该由我来解决”，所以他们会毫不犹豫地发出声音。而且即便在日本，哪怕发挥领导能力的人并不是负责的人，但只要他的提议内容正确，也常常会得到大家的认可。当然只有一瞬间，其他人会发出“那个人真了不起”之类的赞叹。几乎没有任何一家企业会真的按照提议去做。即便如此，仍然没有人提出自己的意见。

另一方面，麦肯锡的同事们一起行动时，就算是遇到日常的麻烦事也会立刻有人提出自己的意见。比如宴会上的节目突然没有音乐、需要的小道具突然不见了之类的问题，主办方一筹莫展的时候，观众中就会有人提出“不如改变游戏规则，这样就算小道具不够也一样可以进行游戏”。麦肯锡的员工没有“解决问题是策划活动的人的工作”之类的职责意识。如果他们有更好的想法，马上就会提出来。这对于在日常生活中经常发挥领导能力的人来说，是非常自然的事情。

几年前，麦肯锡曾经邀请毕业生们举办了一场盛大的活动，在活动的最后安排了包括原合伙人在内的5名毕业生参加的专题讨论会。原定计划是首先由每个人陈述意见，最后是5个人进行讨论，但由于每个人的发言时间都很长，结果5个人都陈述完毕之后只剩下5分钟时间了。

这时候，负责主持会议的年轻管理顾问宣布道："或许大家都隐约地感觉到，很遗憾进行讨论的时间已经不够了。因此，专题讨论会到此结束。参与讨论的诸位，非常感谢！"会场爆发出一阵笑声，5名参加讨论的成员也都露出了苦笑。

其实我在发现时间不够的时候就一直在关注这个主持会议的年轻人。我就是想看一看他要如何收场，会不会找什么人商量对策。但他却没有请示任何人。

想一想，这些被邀请来进行讨论的人，包括原合伙人这样的大人物，比这个做主持人的年轻管理顾问地位高很多。即便如此，他仍然在没有请示任何人的情况下做出了"因为时间不够所以强制结束"的决定。这就是领导能力。

事后他或许会因为自己的行为遭到那位原合伙人的责备，或者被上司批评"应该继续进行讨论，时间只要延后一些就好"。如果他没有领导能力的话，就会在发觉时间不够时找上司寻求指示，或者将延长时间的责任推给参加讨论的人，就算超出时间也按照原定计划继续进行讨论。

但他却根据自己的判断做出了选择，并且敢于承担由此引发的一切后果。如果他请示了上司，并且按照上司的指示采取行动，那么之后出现的问题就都可以推给上司，他则不必承担任何责任。但他却没有那样做，这正是他具有领导能力的表现。

他思考了“作为主持人应该取得什么成果”，自己决定为了实现这一目标应该怎么做，不管发生什么后果都敢于自己承担，并且将自己的决定传达给了在场的每一个人。这个只有三十岁出头的年轻员工，在面对比自己年长几十岁的原合伙人时，在没有向任何人请示和商量的情况下能够做出这样的判断，不得不说完全是拜训练所赐。

■ 领导能力是可以学习的

关于领导能力还有一个必须理解的重要问题是，领导能力与解决问题的能力一样，是可以学习的。没有人是天生就拥有领导能力或者天生就没有领导能力，就像掌握体育运动和科学知识一样，需要理论与实践相结合，在失败与成功中积累经验进行学习。

有时候我们会说“他具有领导能力”或者“那家伙一点领导能力都没有”，听起来好像有的人天生就有领导能力，而有的人则完全不具备领导能力。但实际上，更准确的说法应该是“他的领导能力没有达到足够的水准”或者“他的领导经验不足”，也就是说我们应该思考的是如何锻炼领导能力。

在美国的商业学校，领导能力是基本的授课科目之一，像麦肯锡这样的企业不但在录用时注重领导能力和潜力，入职后也会频繁地进行锻炼领导能力的研修。美国社会普遍认为“领导能力是应该通过学习和锻炼掌握的资质”（能够学习的能力）。

如果日本也像对待其他的科目那样，在学校里每周安排一课时的领导能力学习，那么所有学生都能够掌握一定程度的领导能力，然后进入公司接受一定程度的研修，再加上日常工作中的实践，只要三年左右的时间，绝大多数的人都可以拥有与之相称的领导能力。

当然，就好像有些人不管怎么练习都做不好饭、有些人不管学习多久都搞不懂物理知识一样，对特定的科目不擅长的人在任何领域都存在，关于领导能力也是如此。此外，即便是接受相同的训练，有的人很快就能够掌握，而有的人则上手很慢。可能有的人只要接受几次训练就能够发挥出卓越的领导能力，而有的人要训练几年才能够达到这种程度。

但领导能力绝对不是天赋之才，也不是活个几十年自然而然就能够掌握的能力。在使所有人都具备一定程度的领导能力这个明确的目标之下，学校和企业不但要进行理论教育，还要进行能够发挥领导能力的实地训练，对每个人的状况（领导能力的表现）做出反馈。经过这样的过程，绝大多数的日本人都能够拥有远远超出现在水平的领导能力。

有的日本人认为自己就是不适合做领导的类型。他们不够强势，也不引人注目，不喜欢提要求，小时候就没当过班长或者队长，他们认为自己就适合做追随者。之所以会出现这样的人，是因为他们对领导能力的定义太过狭隘，他们错误地认为“领导是特殊的人”。

即便是这样的人，在经过训练积累了一定的领导经验后，也能够找到适合自己的方式，开始发现“自己也能够作为领导取得成果，为大家做出贡献”。随后，当他们发挥领导能力取得成果，并且因此得到周围人的感谢和好评时，也会对此感到非常高兴。

面对突发的严重问题英姿飒爽地发挥领导能力的人，使陷入困境的大企业华丽地起死回生的伟大领导，当我们看到这些人时，往往会认为他们是天生拥有和自己不同资质的特殊的人。但面对突发的严重问题时，没有人能够从无到有地一下子发挥出领导能力。那些优秀的领导者，最初也是通过日常的琐事来积累领导经验，这样才能在关键时刻发挥出强大的领导能力。

要想成为领导，卓越的能力和人格魅力都不是绝对的。你只需要知道领导应该做什么，为了成为领导自己应该怎么做，然后从小场面开始不断地积累成功的经历，这样就算是一个非常平凡的普通人，也可以成为领导发挥自己的作用。

我在麦肯锡的时候，录用的年轻学生在入职后不久都得到了极大的成长，其中变化最为显著的就是领导能力。说起在管理顾问行业工作所掌握的技能，很多人都认为是解决问题的能力，但他们的领导能力也得到了极大的提高。

特别是日本人中绝大多数之前基本都没接受过关于领导能力的教育，所以在集中接受专为提高领导能力而设计的OJT和OFF JT研修之后，他们的领导能力突飞猛进。在感叹“我们公司没有能够发挥领导能力的员工”之前，首先应该制定完善的领导能力教育制度才好。

目前大多数日本企业仍然认为“领导能力是工作中自然掌握的能力”，不是通过教育和训练就能够掌握的能力。当然这种方法能够培养出一定数量的领导。但却很难在一定时间内保证拥有必要数量的领导。

不止欧美，中国和韩国现在也比日本更加重视领导能力。如果这样发展下去，对员工的国籍不太重视的外资企业，就会将亚洲市场的经理职务交给拥有强大领导能力的中国人，而在其手下工作的员工，当然就是工作认真又老实听话的日本人。

■ 分散型决策系统的必要性

在当今世界的各个领域，对具有领导能力的人才需求越来越大。接下来让我们一起来分析一下导致这一现象产生的外部环境的变化。

日本长期处于中央集权的体制之下。中央集权体制的末端，必须对上级言听计从，完全按照上级的指示行动才是优秀的部下。对于中央集权体制来说，所需求的领导能力总量是非常少的，因为这是一个以上传下达为主旨的体制。

日本之所以长期处于这种体制的原因之一，在于日本的经济处于发展过程中。中央集权型的系统，可以使需求统一面向世界。在从贫困阶段迅速发展到近代化和以经济成长为目标的阶段，每个人的需求都是极其相似的。大家想要的都是卫生的环境、稳定的电力供给、最低限度的食物与基础教育、基本的生活家电等。在这样的社会中，只需要极少数的人制定制度和设计商品，然后将批量生产出来的商品提供给所有人。

在当时那个时代，所需要的领导数量是非常少的。过去接受过高等教育的人比较少，成为领导的人数也很有限，所以这些人聚集在中央，一切都由他们决定，全国人民都跟随着他们。

日本人之所以认为“领导只要一个组织里有几个人就足够了”，就是因为日本一直以来都是以中央集权的体制发展过来的（参考图/表13）。

图/表13　中央集权的决策系统

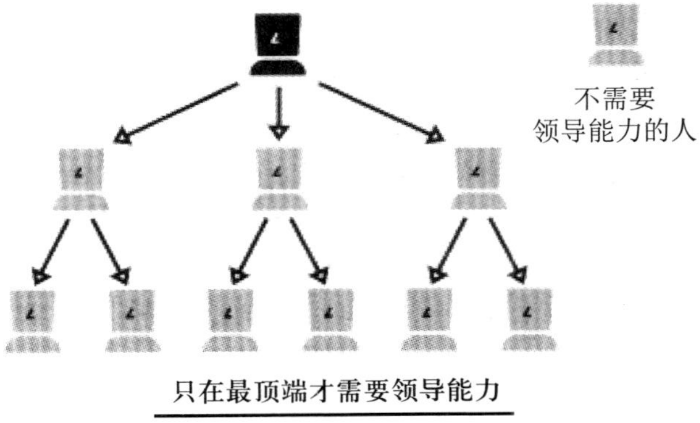

现如今日本已经成为一个发达的国家，人们的需求也一下子变得多样化起来。有追求便利性的人，就有即使不方便也追求自然的人，有愿意高价购买高质量商品的人，也有想要廉价购买差不多商品的人。物质极大丰富之后，只需要极少数的人制定制度和设计商品，然后将批量生产出来的商品提供给所有人的方式，无法满足所有人的需求。

但是，要想统计各地不同的需求，分别提供合适的商品与服务，制订相应的计划，需要各个地域和部门中都存在领导，因此需要的领导数量急剧增加（参考图/表14）。

图/表14 分散型的决策系统

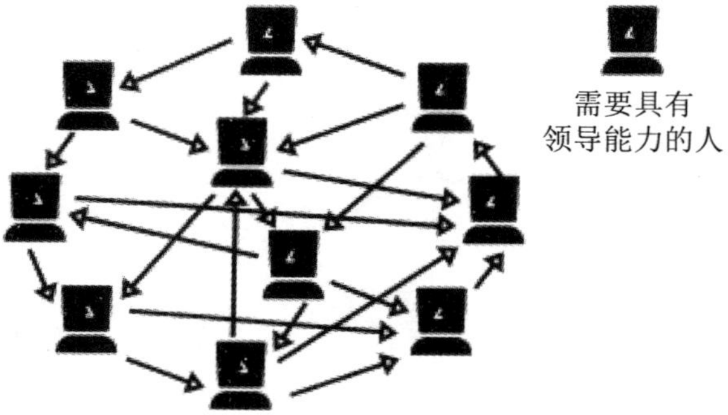

所有人都需要具有领导能力

此外，在物质丰富的社会中高等教育也得到普及，因此也诞生出比以前更多的具有领导能力和潜力的人才。这也意味着以分散型决策系统来进行运转的社会时代已经到来。

以麦肯锡为首的全球化企业，之所以如此重视领导能力，就是因为要想满足全世界人们的不同需求，及时地提供与之相应的商品和服务，分散型的决策系统是必不可少的，而要想支撑起如此庞大的系统运转，需要在全世界范围内拥有大量的领导人才。

在当今社会，从工作现场收集情报，然后全部带回位于美国的总公司，进行分析讨论后得出唯一的结论这样的中央集权方式，已经无法及时地满足世界各地的顾客需求。必须在组织的所有部门安排能够发挥领导能力的人才，建立起在组织的每一个角落都能够做出必要决定的体制，这才是在世界范围内开展商业活动的企业所必不可少的要素。

此外，由于新兴国家市场急剧扩大，从零开始在这些国家建立生产线是来不及的。为了争取时间，很多企业开始了跨国的企业合作与收购。而为了与被收购的企业之间快速展开合作，需要大量的现场领导。因此，在全球化企业的录取标准中，领导能力的重要性逐渐提高。

在国家层面上也是一样。当今世界在多种层面上都展开了合作，当一个国家的政策发生改变时，资本、企业甚至个人都开始出现流动。因为全世界的资金都是相连的，仅凭日本独自克服通货紧缩是非常困难的，环境问题也需要与近邻诸国共同合作才能解决。在防治传染病和反恐等问题上，都需要与国际社会进行密切合作。

在当今世界，由少数具有强大经济实力和军事力量的发达国家来决定方针，世界其他国家跟随其后解决问题的方法已经不再适用。正如参加首脑会谈的国家越来越多所证明的一样，今后决定世界前进方向的决策系统，正在朝着分散型的决策系统转移。

在大家通过讨论做出决定，通过合作取得进展的分散型决策系统的世界中，每个国家都需要拥有大量的领导人才。不管是贸易领域、金融领域还是人权问题，都不能由主要的几个国家通过会谈决定，而是需要参与的所有国家通过协商解决。

关于日本加入TPP，有人以“如果加入会在国际问题中遭到美国的挤压，使日本陷入不利的局面”为理由提出反对，我对此实在是感到非常震惊。因为对于这个问题，难道首先想到的不应该是“为了在国际交涉中切实地维护本国利益，需要尽快培养具有领导能力的人才”才对吗？只因为参加讨论可能陷入不利的局面而不参加，又怎么有资格成为国际社会的一员呢？

在未来的世界发展中，领导能力变得越来越重要。而领导能力是任何人只要经过训练都能够掌握的技能。大学的研究所自不必说，就连中学和高中也应该在日常学习生活中培养学生发挥领导能力的习惯。不只立志成为经营者和政治家的人，所有人都应该在日常生活中发挥领导能力，不是“等待别人做决定，别人做出决定后就遵守”，而是“大家经过讨论后做出决定，自己来做领导”，这样一来，日本社会肯定会发生极大的改变。

/专栏/

最适合培养领导人才的NPO

最近在灾后重建和社会弱势群体援助等领域，日本也出现了很多NPO（非营利性组织）。尽管没有非常明确的宣传，但NPO作为培养领导能力的机构可以说具有非常优秀的特征。

本来NPO就是一个没有强大的领导能力根本无法成立的组织，更别说扩大规模和持续运营了。如果没有领导能力，那么活动所需的人力和资金都无法筹集。所以NPO最少存在一名强大的领导（创立者）。

凭借自己的领导能力成立NPO的人，对于自己想要实现的成果目标有非常明确的意识。他们不怕与他人发生摩擦，也不怕遇到问题，只有实现成果目标的强烈意欲。也就是说，NPO是在同时拥有领导能力和成果目标的前提下，才能够成立的。

NPO开始活动后加入的参与者们，不一定在当时就已经具有领导能力。但NPO组织往往很小，所以普通的参与者都会在活动中近距离地亲眼目睹到拥有卓越领导能力的创立者的言行。

在这些人中，很多人都会通过这种经历而开始认识到领导能力的存在。而通过不断地参与活动，大部分成员都会对领导产生出尊敬、憧憬等榜样意识，并且同时学会领导究竟是做什么的这样的方法论。这样一来，当初只是作为志愿者参与进来的普通成员，也开始逐渐受到领导的行动和思考方法的影响，从而在某一时刻开始发挥出自己的领导能力，甚至创立属于自己的新的NPO。

除此之外，NPO还具有作为领导培养机构的优秀特征。那就是在NPO之中没有像组织那样僵化的组织结构（不包括国际范围的NPO和NGO那样拥有相当大规模的组织团体）。

在NPO中没有科长也没有部长，没有不同部门之间的隔阂，甚至都没有明确的职务分担。因此职务和领导能力不会被混为一谈，拥有领导能力的人自然而然地就会被安排在相应的位置，以非常自然的形式进行组织统治。

这样就会将普通人培养成领导。在企业之中，很多人认为“既然成为科长就必须发挥领导能力”，但在NPO只有“认为自己应该做”才发挥领导能力。而目睹了这一切的新成员，也会理解“所谓领导能力，是为了实现自己想要实现的目标而应该自己发挥出来的能力”。

NPO没有组织的固定形式，职务也不固定，所以在培养领导这方面，比大规模的企业和组织效果更好。

最近很多学生都开始参与志愿者活动。他们参加这些活动的目的并不是培养领导能力，而只是纯粹地想要为社会做出贡献，向有困难的人提供帮助。但这正是非常优秀的培养领导能力的机会，如果NPO的主办方和参加者双方都能够认识到这一点的话，那么他们掌握领导能力的效率将会更高。

让培养领导、掌握领导能力，成为创办NPO和参加NPO的理由之一，让学生在走入社会之前切实地掌握这些能力，具有非常深刻的意义。

第八章

以领导能力掌控人生

最后，让我们将视点回到个人身上来。我并不是说要为了国家和社会掌握领导能力。确实更多的人掌握领导能力，对企业和社会而言都会发生变化。但掌握领导能力后发生最大变化的，还是个人的职场规划和生存方式。

一开始只是为了工作而接受掌握领导能力训练的人，在过程中会开始自觉地思考“我想要掌握更强的领导能力”。为什么会出现这种变化呢？或许有人对此感到不可思议吧。

面对任何场面都能够发挥领导能力，需要具有一定的能量。为了取得成果有时候不得不牺牲个人时间，有时候要对他人的过错问责，还有时候会被卷入无谓的麻烦之中。在日本，领导因为比较显眼，还很容易遭到各方的抨击。在这样的环境中，提出“领导能力是所有人都应该掌握的技能”，确实让人难以理解。

但根据我对麦肯锡员工的观察，只要在麦肯锡工作过几年之后，几乎所有人都希望自己作为领导能够有更多的能力。因为他们发现，发挥领导能力既不是义务也不是负担，而是一种渴望、一种乐趣、一种令人激动的成就。

这不是只有入职麦肯锡的人才特有的变化。在日本企业中积累了领导经验的人，参加NPO团体，在有能力的领导身边工作，边看边学掌握了领导能力的人，都会发生同样的变化。在亲身经历的过程中，大家的思考方法和意识都发生了巨大的改变。

■ 问题可以获得解决

人们最初理解领导能力的意义，是在感觉到“通过领导能力解决了自己关心的问题”之时。在这个社会上，存在着很多奇怪的事和令人感到不满的事。有时候你看新闻都会对社会的不公产生出愤慨之情，产生出想要做些什么的冲动，在职场和学校等身边的场所，也经常会遇到类似的情况。比如你的同学因为遭到孤立而不愿来上学，而你鼓起勇气和他接近成为朋友，终于使他再次带着笑容开始上学。或者有一位拄着拐杖的老人搭乘电车，你对坐着的乘客说大家挤一挤给老人腾个位置。这样一来你在意的那些问题就能够得到解决。

请想象一下，当遇到某种问题时，一个是只能袖手旁观的自己，另一个是找到解决办法的自己。特别是身边发生某些特别重大问题的时候，如果你发现自己竟然没有解决这个问题的能力，那绝对是非常痛苦的感受。

渴望有能力解决这些问题的人，通常会学习解决问题的方法。因为他们认为自己不能解决问题，是因为没有掌握相应的能力。但不管他们学习多少思考方法和团队框架，还是无法很好地解决发生在自己身边的具体问题。为什么呢？因为这个世界上绝大多数的问题，都需要依靠他人、团体和组织来解决，而领导能力在这里是必不可少的。

当然，要想解决问题，除了领导能力之外还需要分析力、技术力、专业性和预见性等各种各样的能力。但是，这些能力不必全由一个人掌握。只要发挥领导能力的人，将拥有其他能力的人聚集起来，组成一个团队，就可以解决相应的问题。

领导可以找一个天资聪颖的人做参谋，但“一个天资聪颖的人找一个拥有领导能力的人当参谋，并且取得成果”，这首先在概念上就是不成立的。所以，要想解决问题，拥有强大的领导能力比天资聪颖更加重要。

■ 能够实际感受到自己的成长

不断积累领导能力的经验，自己能够解决问题的范围和规模也会随之扩大。一开始只能解决身边团体的问题，但后面就能够解决整个部门、整个公司乃至整个社交圈子的问题。通过不断积累领导能力的经验，扩大自己能够解决问题的范围，你可以实际感受到自己的成长。

如果一个人身处不重视领导能力的组织中太长时间，就会产生出“发挥领导能力的人是傻瓜”“那样做自己会吃亏”“只有爱出风头的人才会去做”之类否定的想法。

但在一个大家都积极发挥领导能力不断解决问题的组织中，绝大多数的人都会对领导产生憧憬之情。看到别人解决问题的时候，会感觉“真帅气”，并且产生出希望自己也拥有这种能力的想法。如果领导能力的总量和领导的绝对数量太少，那么人们就很难找到榜样，更不会产生出憧憬之情，只有增加社会上榜样的数量，才会增加憧憬者的人数，从而形成一个良性的循环。

扩大自己的能力范围，之前做不到的事情如今都能够做到，切实地感觉到自己的成长，这种体验对任何人来说都是极大的欢愉。

多掌握一个料理的制作方法会使人感到高兴，喜欢登山的人征服一座险峻的山峰会获得极大的成就感。不管在任何领域，通过努力和经验的积累，扩大自己的能力范围，都能够使人感觉到自己的成长。这样一来你更容易得到周围人的感谢，别人对你的评价也会随之提高。这也将成为你继续发挥领导能力的动力。

领导能力的目标几乎是无限大的。因为世界上的问题层出不穷。“问题全部解决，目标达成，已经得到了满足，再也没有任何想要解决的问题了”这样的状况是根本不会出现的。

不断积累领导经验，这样经过几年之后，任何人都能够解决过去完全不敢想象的重大问题。而在这个时候，绝大多数人所想的不是“这样就满足了”，而是开始思考“既然能解决这个问题，那么那个问题或许也能够解决”。

■ 能够实现自己的世界观

在就职状况非常严峻的今天，能够被一个坚如磐石的组织录用，不管对于当事人还是他的家庭来说都是非常重要的事情。被一家著名企业或者非常难以进入的企业录用，那种欣喜若狂的心情不难理解。不过，这也仅仅是“得到录用”而已。

入职后，为了给组织做出贡献，你必须竭尽全力。麦肯锡当然也不例外。就算你进入了自己希望的企业，做了自己想做的工作，学到了很多知识，并且得到能够令自己满意的报酬，但即便如此，也很少有人能够在直到退休为止的这几十年间，让所属企业的目标和自己想要实现的目标完全一致，所属企业所做的事完全与自己的价值观相同。不管怎样，组织的规模越大，组织与下属个人之间的目标和价值观，就越是难以完全一致。

另一方面，如果自己创业，与和自己志同道合的伙伴们一起开展项目，那么你就可以按照自己的世界观来完成工作。可以从零开始建立自己理想中的组织，还可以将自己最关心的问题作为主要的事业。而要想实现这种工作模式，最重要的就是领导能力。换言之，只有拥有领导能力的人，才能够实现这种工作模式。

不止工作，NPO活动和志愿者也是一样。参加现有的志愿者团体活动具有重大的意义。但如果你能够自己成立志愿者团体，就可以将目标瞄准你认为最需要帮助的个人或领域开展援助活动。你还可以将自己坚信的原则与思想，直接地反映在组织的运营方针上。

拥有领导能力，就不用让自己的工作和生活方式去适应已有的组织和团体，而可以直接地去追求自己想要亲手实现的世界。这就是拥有领导能力将会给你带来的最大优点。

我经常说“发挥领导能力就像是握着汽车的方向盘。拥有领导能力，你就能掌控自己的人生”。

坐在驾驶席上手握方向盘，会有各种各样的负担。你要保证同车乘客的安全，不能像坐在其他座位上的人那样睡觉，也不能悠闲地看风景。即便如此，当你产生“我想要握着方向盘，我想要自己选择前进的道路”这样的念头时，就必须具备名为“领导能力”的这个驾驶技术。

设定“想要去哪里”的目标，下定决心自己手握方向盘承担价值的风险（身先士卒的觉悟），具体走哪条道路，在哪里停下，在哪里折返，都由你自己判断。同时你还要向车上的人传达你的决定，得到他们的理解。否则的话，他们或许会离开你驾驶的车。当他们认为无法取得成果（这种情况下就是无法抵达目的地）的时候也一样会下车。

坐在副驾驶或者后座的人是非常轻松的。驾驶员会带着你走，如果你有想去的地方，只要告诉对方“我想去哪里”就可以了。即便如此，仍然有很多人拥有“自己掌握方向盘”的想法。而那些亲自掌握方向盘取得成果，得到同车人感谢的驾驶员，在不断重复这一经历的过程中会产生出“想要在更加险峻的道路上驾驶”以及“想要将大家带到更加困难的目标地点”的想法。

在第四章中，我列举了领导需要做的事情包括“设定目标”“身先士卒”“做决定”“传达信息”这四点。而掌控自己的人生，也需要你自己设定目标，为了实现这一目标而承担风险，自己决定道路，并且拥有不管结果是好是坏都勇于接受的觉悟。如果有人和你一起在这样的人生道路上前行，当然“传达信息”也是非常重要的过程。

■ 世界将更加宽广

如果将发挥领导能力的环境全球化，那么能够解决的问题范围也一下子变得非常宽广。想一想那些将美丽的海岸景色尽数破坏的海洋垃圾，应该如何解决这个问题呢？仅凭日本的话，只能在“将漂流到海岸附近的垃圾收集处理”的范围内解决问题。但如果拥有全球化的领导能力，就可以和制造这些垃圾的其他国家合作，从源头上制止将垃圾扔入海中的问题。更进一步，还可以解决从日本流入海中，漂流到其他国家海岸的垃圾问题。

另外，与进入低成长期的日本相比，如果能够以亚洲为舞台发挥领导能力，可以获得更加丰富的市场体验。对电力供给需求极大的发展中国家经常出现停电的现象，比如印度发生全国性大停电的时候，会“对六亿人造成影响”。六亿人是日本人口数量的五倍。通过这个非常具有象征意义的数字，我们不难想象在世界舞台上解决问题究竟能够取得多大的成果。

关于严重困扰亚洲大城市的大气污染问题也是一样。如果能够开发和普及绿色环保的汽车，那么就可以将许许多多的人从不健康的环境之中拯救出来，这个数字在日本是完全无法想象的。只要将目光转向世界，解决特定的问题，可能产生现在的日本完全无法想象的影响。

在全球范围内发挥领导能力，与你一起工作的人也多种多样。你可以从和自己拥有不同价值观的人那里学到很多东西，还会见到之前从未见过的世界。拥有了领导能力，你的世界会变得更加宽广。

绝大多数的人所生活的团体中，都拥有许多和自己相似的人。但通过掌握领导能力开拓自己的活动领域之后，自然而然地你就会和拥有不同价值观的团体产生交流。当你参加志愿活动的时候，肯定会遇到与你的同事或者同学不同类型的人。只有自己掌握方向盘，前往以前没去过的方向，你才会发现之前未曾了解的世界，经历前所未有的体验。

■ 职业规划产生改变

通过发挥领导能力解决问题，不但能得到他人的感谢，还会提高他人对你的评价。很快，你就不再是被动地接受领导工作，而是积极主动地去解决周围的问题。这种思想上的变化，会开始影响到你的职业规划。

麦肯锡是一个人才流动非常频繁的组织。在外人看来或许会认为原因是“能力不足的人就会遭到解雇”，但实际上也有很多人是自己选择了不同的道路，于是决定毕业。很多人并不是一开始就打算“只在麦肯锡工作几年，然后就去做别的事情”。这些人其实是在为麦肯锡工作的过程中职业规划发生了改变，发现了自己应该前进的道路。

最初思想发生的变化是“不再害怕被解雇”。很多人在入职麦肯锡之前，都对“Up or Out”的人事制度充满了不安和警戒感。他们关心的问题是，究竟有百分之多少的人被解雇？平均工作年数只有3年是真的吗？辞职的人后来怎么样了？

但在麦肯锡工作几年之后，他们对被解雇已经没有了任何恐惧之情，甚至都不会感到羞耻。就算因为没能升职而离开，也不意味着自己是无能的人、没用的人。只是因为这个公司所追求的东西和自己所拥有的东西，或者自己想要做的事情不一致而已。

每个人都能够按照自己的基准来对自己做出评价，并且完全理解，麦肯锡的评价基准不能决定自己身为一名商业人士的价值。

另外，专业的工作框架中的职场规划，与日本大企业的人事变动也非常不同。首先调令不会从天而降，每个人都对自己的职业规划拥有主导权。比如去海外工作，首先由想去海外工作的管理顾问主动提出“我要去××公司”，然后说明理由，与海外公司联系，确认需求，等等，全部过程都由当事人主导。

当合伙人对年轻的管理顾问提出“要不要去海外分公司”时，这既不是业务命令也不是调令，只是对这个人职业规划的一种建议。是否接受这个建议，完全由管理顾问本人决定。就算他拒绝，对于今后的职业规划也不会产生任何影响。

因为在职的时候就要求每个人具有“自己的职业规划自己决定”的态度，所以在他们毕业后，当然对自己的职业规划也有自己的思考。

而其中最大的变化，当属自己摆脱过去的积累，从零开始进行职业规划。比如，工科和理科出身的人，往往认为自己应该成为研究者或者技术者，如果从事“与技术无关的工作是一种浪费”。医学出身的人和通过了司法考试的人这种思想就更加强烈，“好不容易考取的资格如果不能加以利用，实在是太浪费了”。

但是，如果你在自己之前所学知识的延长线之外，发现了自己想要从事的工作，却因为“我上学时的专业是××”之类的理由而没有选择这份工作，那才是真正的浪费。重要的不是你过去所学的知识，或者过去为了精通特定领域所花费的时间，而是从今往后的时间、从今往后的人生。

获得理科博士学位的人，在入职麦肯锡时基本都想从事与技术有关的项目，但他们在毕业时，有的人却选择了技术职位之外的职业规划，比如“想去尝试零售业”或者“日本太过于重视技术，而关键在于营销”。对于这些人来说，“花费9年时间取得的博士学位无法应用在工作上是一种浪费”的想法是不存在的。

从零开始思考，不要被固定的观念所限制，不要拘泥于过去的成功经历……这些在工作中被不断提及的概念，在思考自己的职业规划时也会自然地浮现出来，使你拥有更多的选择。

而且，你之所以能够在现实中选择过去从未想过的选项，就是因为在职时掌握的解决问题能力、领导能力。比如从一个大企业跳槽到一个制度和人员体制都不太完善的中小企业，任何人都会感到不安。但如果你拥有“环境不完善的话，只要加以改善就好”“无论如何都不行的话，再找一个环境完善的场所就好”，甚至“自己创建一个环境完善的组织就好”这样的想法，就不会感到不安了。

如果你拥有发挥领导能力，取得各种成果的经历和自信，那么就算不依赖组织的力量，你也能凭借自己的力量取得成果。如果你有身为领导多次置之死地而后生的经历，那么你“自己能够实现的世界”的范围一定也相当宽广，如果是为了实现自己的世界观，你甚至敢于脱离组织，开始新的活动。

■ 作为价值观转换机构的麦肯锡

能够以自己的标准对事物进行评价的人，可以不受社会规范的束缚，也不拘泥于在一流的企业之中工作，不在乎积累对自己更加有利的职场经验。所以他们才能不受世间评价的影响，自由地选择自己的职业规划。

从不同的时点来看这件事，可以说麦肯锡属于一个“能够转换价值观的机构”。

欧美之前就已经如此，最近麦肯锡在日本也成为就职•跳槽市场中优先选择和渴望加入的公司。近年来很多应聘者都认为，能够入职麦肯锡意味着职业生涯的一次进步。

但企业品牌化也有相应的弊端。有的应聘者对管理顾问行业和企业经营都漠不关心，还有的人来面试只是为了测试自己的实力或者做个纪念。这时我忽然想到，利用麦肯锡的名气来吸引人才前来应聘，具有更多的意义。如果有人通过在麦肯锡工作而改变了价值观，并且从此发现崭新的世界，那么我就可以利用这一点来为社会人才的再分配做出相应的贡献。

前来麦肯锡应聘的人，大部分都是一流大学的学生，还有在一流企业工作的人，甚至还有霞之关的官僚，以及取得了医生和律师资格证的人。正因为麦肯锡是一家举世闻名的企业，所以在他们考虑就职和跳槽时，也将麦肯锡作为重要的选择之一。

在医学院毕业的应届毕业生中，经常会听到“希望能够进入麦肯锡工作，否则的话就去当医生”这样的回答。在一流公司工作的人也经常说出“如果有机会到麦肯锡工作的话就跳槽，否则会留在这个公司继续干下去”这样的话。

对于这些自认为已经身处一流场所的人来说，如果是同级别的名牌企业麦肯锡，他们愿意选择跳槽，但如果是没名气的新兴企业或中小企业（不管实际从事什么工作），他们就会产生出不想跳槽、不能跳槽、犹豫不决的想法。

图/表15　作为价值观转换机构的麦肯锡

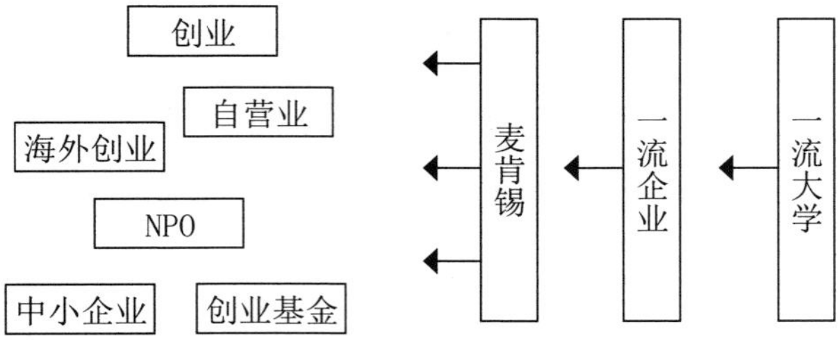

但正如前文所述的一样，这些人在麦肯锡工作几年之后心态发生了极大的变化，对自己的解决问题能力和领导能力充满自信，不

希望自己的下一份工作是大树底下好乘凉，而开始考虑选择一个能够实现自身价值的场所（参考图/表15）。

最初只是因为被“名牌企业”所吸引而来到麦肯锡的人，在发现自己真正想做的工作后，哪怕对方只是一个名不见经传的小公司，他也会毫不犹豫地跳槽。而最初认为只有进入万事俱备的企业才能够发挥出自己能力的人，在发现自认为真正的机遇时，即便面对不完善的环境也敢于勇敢地去尝试。

也就是说他们经过在麦肯锡的工作之后，不再以企业的规模和知名度作为自己决定今后职业规划的基准，而是变成了“是否能够做自己想做的工作”这个非常具有个人特色的基准。

我有一个朋友，东京大学毕业后进入经济产业省，然后来到麦肯锡工作，后来他跳槽去了蒸蒸日上的创业企业，他说“如果不来麦肯锡，肯定不会做这样的跳槽选择”。这不只是面子问题，直到现在他还无法想象自己在那样的地方工作的模样。但只要在麦肯锡工作过，你就会看到一个完全不同的世界。

在京都大学取得理科博士学位，入职麦肯锡后MBA留学，之后创立NPO的年轻人这样对我说道：“已经取得理科博士学位，又专门花那么多钱MBA留学，在当时完全无法想象。”他周围的人都理所当然地以为他会成为一名研究者，但他却毅然决然地选择进入麦肯锡工作。他说因为身边有很多自由的职业规划的实例，所以他也产生出“即便拥有博士学位，也不必拘泥于技术和研究相关的领域来进行职业规划”的想法。

不管怎样，在麦肯锡工作过的人，对于从现在工作的场所跳转到一个毫无关联的场所这件事没有任何的心理压力，这也可以证明麦肯锡确实具有价值观转换的作用。

即便在就职形势十分严峻的今天，也只有一部分的大企业和著名企业不愁应聘人数。新兴企业和中小企业即便有走出国门和开展新事业的可能性，也因为缺乏必要的人才而失去了成长的可能性。

另一方面，大企业即便拥有大量优秀的人才，但却连续多年都无法创造利润，部门的年度目标连续几年都是削减成本，甚至还有由于工作岗位不足而没有部下，直到四十多岁也丝毫没有积累经理经验的人，也就是说大企业对优秀人才无法有效地利用。

我们常说“日本只有人才资源”。但这样的一个国家如果不能够将人才有效地利用起来，就好像沙特阿拉伯没有利用石油资源，而是直接将其倒入海中一样愚蠢。

本来，有效地分配资源是市场的责任。以硅谷为首的美国众多IT系企业之所以大量兴起并且急速发展的原因之一，就是拥有大量优秀技术人才的AT&T（当时）和IBM进行大规模的结构调整，使得大量技术者流向市场所导致的。提高人才的流动性，发挥劳动市场的匹配功能，才能够使人才从随着时代的流转而完成使命的产业向新兴产业转移，由新兴产业代替夕阳产业继续引领经济的发展。

日本由于雇佣制度和终身雇佣制的存在，以及没有能够有效分配人才的劳动市场，逐渐跟不上时代潮流的企业改革进展缓慢，这些都是阻碍新兴企业成长的主要原因。在这样的大环境下，即便只能尽微薄之力，麦肯锡也将作为“将优秀的人才，重新分配到最需要他们的领域和企业的机构”发挥自己的价值。

我身为人事经理的官方使命，是找出拥有将来能够成为麦肯锡领导的潜能的人，并且将其录用。但与此同时，我也会向那些认为“要在毕业后就职的第一家企业工作一生”的人介绍职业规划的概念，给予他们掌握解决问题能力和领导能力的训练机会，增加按照自己的价值观选择人生道路的人数，我想这才是我最重要的工作。

■ 在更宽广的世界里掌握自己的人生

像这样意识和价值观的转换，也经常发生在虽然没有在麦肯锡工作的经历，但却拥有领导能力的人身上。

拥有领导能力的人，就算不依赖别人也能够凭借自己的力量改变状况。而拥有凭借自己的力量开拓人生的自信，可以使你摆脱社会规范的束缚，产生自由的想法，即便离开保护所也不会感到害怕。

而且在当今世界，能够摆脱社会规范和价值观，从零开始设计自己人生的人所能够得到的世界也变得非常广阔。

由于IT技术与网络环境的普及，创业和开始NPO活动时所需要的必要资本大幅降低。风险投资的供给体制完善，民间企业也可以参与宇宙开发和生物工程等需要巨额资本的领域。再加上SNS的普及，拥有必要的知识和技能的人力资源，也更容易聚集在优秀的领导手下。

除此之外，世界也在急速地成为一个整体。全世界的人都在使用谷歌和Facebook，通过YouTube观看新闻图像，用iPhone轻松地从亚马逊上购物。在亚洲的任何一个国家都能够看到日本的动画和流行音乐，通过LCC，许多人都可以在不同的国家接受教育和进行工作。国际化和全球化听起来好像很难理解，但其本质实际上就是“世界开始成为一个整体”。国与国之间的障碍变得越来越低，甚至达到了不经意间就会越过的程度。

在江户时代，萨摩藩的武士要想搬家到江户都是非常麻烦的事，但现在鹿儿岛出生的人在东京工作生活都已经是司空见惯。从今往后，东京出生的人在德里或者雅加达工作生活也将是很普遍的情况。

而能够在这样的世界中发挥自身价值的，既不是会说英语的人也不是天资聪颖的人，而是拥有领导能力的人。语言问题可以通过翻译来解决，自己不具备的专业知识和洞察力、思考力等，可以雇佣相应的人才来组成团队加以解决。但只有领导能力必须是自己拥有的，否则便寸步难行。

拥有领导能力的人，如今已经重新取回自己人生的控制权，开始在广阔的世界里摸索自己的生存方式。通过他们的领导能力，一定能够解决日本企业与日本社会所存在的诸多问题。但最重要的一点是，每个人都不再受到条条框框的约束，能够凭借自己的力量设计自己的人生。

这本书的书名是《麦肯锡用人标准：未来的人才标杆》。很多人以为麦肯锡会录用那些天资聪颖的人和拥有理论思考能力的人。但实际上麦肯锡需要的是“拥有将来成为领导潜力的人”。而这也正是当今世界最需要的人才。

领导能力是通往未来世界的通行证。组织不是你的保护伞，你也不是组织的追随者，你应该是组织的带头人。

希望大家在读完本书之后，能够认识到领导能力本来的意义及其重要性，并且通过掌握领导能力，用自己的力量开拓自己的职业规划和人生，这将是我最大的荣幸。

后 记

在我创作这本书的几个月内，每次我送原稿的时候责编都会对我说“对麦肯锡的褒奖太多了，希望能够在文章中平衡一下”。我明明没有那种想法，但却每次都被这样说，实在是除了苦笑也只能苦笑。

我也并不认为麦肯锡是理想的职场或者完美的企业。一个彻底贯彻成果主义的环境对任何人来说都太过严格，每个人都在高度的紧张感之下工作，还很容易引发无谓的摩擦。另外还有很多作为管理顾问无法学到的社会现实和能力，每天从早到晚一直在工作的生活，需要牺牲太多的东西。

或许在后记中说这些话有点太晚了，但本书的目的绝对不是给麦肯锡唱赞歌。如果大家在阅读本书的时候会产生类似的感觉，那或许是因为我在无意识之中对自己工作了17年的企业进行了自我肯定吧。对于这一点，还希望大家能够给予宽容和理解。

我在本书中想要传达和思考的内容，就是要想不受世间评价的影响，追求只属于自己的生活方式，领导能力是必不可少的。

现在的年轻人都非常优秀。他们和以为进入了大企业就会拥有光明未来的我那一代人（1980年代毕业的大学生）完全不同，他们对不变的现状拥有极强的危机感，对自我决定的必要性也有强烈的认识。

我遇到过一个大学生，他在一流大学就读时并没有像其他人那样去找工作，而是着手进行某个地方团体的重建工作。我问他“为什么不考虑找工作呢”。他的回答是“现在日本社会，应届毕业生在就职时非常抢手，大家都看重这一点。但我却不想利用这个身份开始我的职场生涯。我认为要想改变社会，首先要改变自己的生存方式”。

“要想改变社会，首先要改变自己的生存方式”，虽然这句话确实没错，但从一个亲身实践这句话的年轻人口中说出来，却带给我极大的冲击。包括他在内，像这样的年轻人是不会来麦肯锡面试的。要想见到这样的人，我必须走出去才行。

2012年10月，我开设了职场访谈网站“MY CHOICE”（http://igayasuyo.com）。这是一个用访谈的形式介绍不同的人“选择职业方法”的网站。这不是名人的成功经验，而是如今仍在奋斗中的人们真实的职场故事，通过这些故事，不但大学生和年轻的社会人，就连中学生和高中生，也可以了解到不同的生存方式。

通过掌握领导能力来掌控自己的人生，可以形成怎样的职业规划？可以度过怎样的人生？我希望能够通过实例来将这些内容传达给更多的人，让他们理解自己将来的选择，要比自己想象中更加丰富多彩，我希望能够为此尽自己一份微薄的力量。

图书在版编目（CIP）数据

麦肯锡用人标准：未来的人才标杆 / [日] 伊贺泰代著；朱悦玮译．—北京：北京时代华文书局，2015.9（2021.4重印）

ISBN 978-7-5699-0500-7

Ⅰ．①麦… Ⅱ．①伊… ②朱… Ⅲ．①人才选拔 Ⅳ．① C961

中国版本图书馆 CIP数据核字 (2015)第 203368号

北京市版权局著作权合同登记号 字：01-2015-1774

麦肯锡用人标准：未来人才的标杆

著　　者 | ［日］伊贺泰代
译　　者 | 朱悦玮

出 版 人 | 陈　涛
选题策划 | 胡俊生
责任编辑 | 樊艳清　张超峰
责任校对 | 产娟娟
装帧设计 | 程　慧　王艾迪
责任印制 | 刘　银

出版发行 | 时代出版传媒股份有限公司　http://www.press-mart.com
北京时代华文书局 http://www.bjsdsj.com.cn
北京市东城区安定门外大街 136 号皇城国际大厦 A 座 8 楼
邮编：100011　电话：010－64267955　64267677
印　　刷 | 三河市兴博印务有限公司　0316-5166530
（如发现印装质量问题，请与印刷厂联系调换）
开　　本 | 710×1000mm　1/16
印　　张 | 15
字　　数 | 200 千字
版　　次 | 2015 年 10 月第 1 版　2021 年 4 月第 28 次印刷
书　　号 | ISBN 978-7-5699-0500-7

定　　价 | 38. 00元